내면아이 치유상담

내면아이 치유상담

2019년 10월 1일   제1판 1쇄 발행
지 은 이   김 만 홍
펴 낸 이   김 만 홍
펴 낸 곳   도서출판 예지

인천광역시 계양구 계양문화로 168, 319-304호
전 화   010-2393-9191
등 록   2005. 5. 12. 제387-2005-00010호
© 김 만 홍 2019

정가 10,000원
ISBN 978-89-93387-39-1 03230

공급처 : 하늘유통 031) 947-7777

내면아이 치유상담

김만홍

예지

목 차

순기능 가정의 특징

순기능 가정은 하나님께서 가정을 창조하신 목적대로 움직이는 가정이다. 가정은 결코 인간의 아이디어가 아니라 하나님께서 계획하시고 창조하신 하나님의 작품이다.

그러므로 하나님께서 가정을 만드셨기 때문에 너무나 소중한 것이 가정이다. 가정은 사회의 기본단위이기 때문에 사회는 사회를 구성하고 있는 가정보다 더 강할 수는 없다.

그러므로 가정이 가는 데로 국가도 따라가기 때문에 가정이 무너지고 살아남은 문명은 없다는 것이 역사의 교훈이다.

가정이 무너지면 국가도 무너지기 때문에 국가의 첫 번째 방어선은 가정이지 군대가 아니다.

가정은 우리의 삶에 가장 기본이 되는 바탕을 마련해 주는 원초적 사회집단으로 가정은 가족들을 올바른 사람으로 길러서 사회에 나가 하나님과 이웃을 섬기게 하는 곳이다.

가정이라는 사회 환경을 통해서 우리의 인격이 형성되며 가장 친밀한 인간관계가 이루어지기 때문에 원만하고 행복한 가정을 갖지 못한 사람은 안정된 정서와 균형 있는 인격을 소유할 수 없다.

가정은 작은 천국이며, 따뜻하고 행복한 보금자리이기 때문에 우리는 가정에서 천국을 경험할 수 있어야 한다. 가정을 창조하신 하나님의 목적과 계획은 우리가 가정 안에서 행복을 누리며 살아가는 것이다.

외로움 제거

순기능 가정의 가장 큰 장점은 인간의 외로움을 제거하는 것이다. 하나님께서 인간의 외로움과 고독을 해결하기 위해 가정을 세우셨기 때문이다. 우리는 홀로 있기 위해서가 아니라 여러 사람들과 관계를 맺으며 살도록 지음을 받았다.

그러므로 가정이 순기능을 발휘할 때 우리는 안정감을 누릴 수 있다. 가정은 우리 모두의 피난처요 보금자리이기 때문에 우리는 가정에서 끊임없이 힘을 공급받아야 한다.

가정에서 아름다운 인간관계가 이루어지므로 참된 인간관계를 가정에서 배워야 한다.

가정에서 서로 아름다운 대화를 나누면서 상대방의 이야기를 경청하되 적극적으로 속마음까지 알아줄 수 있어야 한다. 우리가 활동할 때 얻는 에너지는 안정감에서 생기며, 안정감은 참된 관계에서 나온다. 참된 관계는 가정의 구성원들과의 관계에서 출발한다.

그러므로 정서적인 안정감이 없으면 가족들 간의 소속감이 사라지며, 소외감을 느껴 좌절하며, 가정이 파괴되는 결과를 초래한다.

그러므로 가정은 모든 가족들이 재미있게 놀 수 있는 공간이 되어야 한다. 우리는 가정에서 재미있는 시간을 가질 수 있도록 유머와 재미있는 게임도 즐겨야 한다.

지혜자 솔로몬은 "네 헛된 평생의 모든 날 곧 하나님이 해 아래에서 네게 주신 모든 헛된 날에 네가 사랑하는 아내와 함께 즐겁게 살지어다 그것이 네가 평생에 해 아래에서 수고하고 얻은 네 몫이니라"(전 9:9)라고 말한다. 솔로몬은 계속해서 "네가 젊어서 취한 아내를 즐거워하라"(잠 5:18)고 말한다.

서로 안아 줌

순기능 가정은 서로를 안아 줄 수 있는 가족이 있다. 가족 간의 포옹은 기분 좋게 해주고, 외로움을 없애주며, 두려움을 이기게 하고, 여러 가지 감정을 느낄 수 있도록 마음의 문을 열어준다.

포옹은 우리의 긴장을 풀어주고, 불면증을 해소하며, 팔과 어깨 근육을 튼튼하게 해주고, 몸을 따뜻하게 해주며, 행복한 나날을 더 행복하게 만들고, 불행은 견디어 내게 하며, 소속감을 안겨주며, 행복한 즐거움을 가져다준다.

모든 가족은 포옹할 수 있는 동등한 권리를 가지고 있다. 가족의 포옹은 외롭거나 상처받은 가족만을 위한 것이 아니라 건강한 사람은 더 건강하게, 행복한 사람은 더 행복하게, 안정된 사람은 더욱 안정감을 가질 수 있도록 도와준다.

순기능 가정의 가족들은 서로에게 비전과 꿈을 심어주어야 한다.

자녀들에게도 '너는 장차 훌륭한 사람이 될 수 있어'라고 꿈과 비전을 심어주어야 한다.

순기능 가정의 가족은 서로 서로를 도와주는 관계이다. 다른 가족들에게 정서적으로 안정감을 주며, 가족끼리 사랑을 표현하고, 한 가족으로 소속감을 가지게 한다. 순기능 가정의 가족들은 가정에서 긴장이 이완되고 피로가 풀어지고 새로운 활력을 얻는다.

궁극적인 목적 준비

순기능 가정은 인간의 궁극적인 목적을 이루도록 준비시켜 준다.

모든 사람은 가정에서 성장하기 때문에 가정은 인간의 모든 행동을 배우는 곳으로 인생의 터전을 배워나가는 곳이다.

그러므로 인생의 거의 모든 부분은 가정에서 배운다.

특히 참된 인간관계와 인간의 인격과 소중한 가치관을 배운다.

하지만 역기능 가정은 한 인간을 불구자로 만들어 그가 가진 모든 잠재력을 발휘하지 못하게 만든다. 하지만 순기능 가정에서 자라난 사람은 이 사회와 국가와 나아가 하나님께 필요한 사람으로 성장하여 인간으로서 성공적인 삶을 살아가게 만든다.

시편 기자는 잘 성장한 자녀들에 대하여 아름답게 표현한다.

"우리 아들들은 어리다가 장성한 나무들과 같으며 우리 딸들은 궁전의 양식대로 아름답게 다듬은 모퉁잇돌들과 같으며"(시 144:12)

그러므로 부모는 가정에서 자녀를 잘 가르쳐야할 책임이 있다.

성경은 자녀를 가르칠 책임이 부모에게 있다고 명확하게 말한다.

"또 아비들아 너희 자녀를 노엽게 하지 말고 오직 주의 교훈과 훈계로 양육하라, 너는 마음을 다하고 뜻을 다하고 힘을 다하여 네 하나님 여호와를 사랑하라 오늘 내가 네게 명하는 이 말씀을 너는 마음에 새기고 네 자녀에게 부지런히 가르치며 집에 앉았을 때에든지 길을 갈 때에든지 누워 있을 때에든지 일어날 때에든지 이 말씀을 강론할 것이며"(엡 6:4, 신 6:5-7)

그러므로 모든 부모는 자녀에게 그리스도인의 참된 가치관을 심어주어야 한다. 가정은 사회에 나가서 자기 역할을 성공적으로 수행할 수 있도록 도와주는 곳이다.

따라서 모든 사람은 가정 안에서 사회를 적용하는 모든 능력을 배우되 자신의 역할이 무엇인지 배운다. 의사소통의 능력과 가치관과 윤리관을 배운다. 하지만 자녀가 가정에서 이러한 것들을 배우지 못하면 내면아이가 되어 이 사회를 해치는 사람이 된다.

그런 자녀는 사회에 적용하지 못하여 대인관계가 이루어지지 않으며, 조직 안에서 원만하게 생활할 수 없다.

결국 그런 자녀들은 행복한 결혼생활을 할 수 없게 된다.

그 결과 다양한 사회악이 생겨나 이혼율이 증가하고, 성의 가치관이 파괴되고, 미혼모가 증가하며, 아동학대가 증가하고, 노인문제가 발생하며, 범죄가 늘어나게 만든다.

성장에 가장 많은 영향을 미침

순기능 가정은 자녀의 성장에 가장 많은 영향을 미친다. 자녀에게 있어서 가정은 그의 생애 전체가운데 가장 많은 영향을 미치는 곳이다.

가정에서 그들의 인격과 성격이 형성되어 그들은 가정에서 배운 대로 다음에 어른이 되어 행동하게 된다.

자녀들은 가정에서 어머니의 역할을 배우고, 아버지의 역할을 배우며, 남편의 역할을 배우고, 아내의 역할을 배우며, 그리고 그것을 다음 세대와 자신의 자녀들에게 물려주기 때문에 가정 안에서 선순환이 이루어져야 한다.

요나단 에드워드는 그가 좋은 가정을 세웠기 때문에 그의 후손들을 조사해 보니 300명의 복음 전도자가 있었고, 5명의 대학교수가 있었고, 13명의 대학 총장이 있었으며, 60명의 훌륭한 저술가와 3명의 국회의원이 있었고, 1명의 부통령이 그 가문에서 나왔다.

하지만 역기능 가정은 악순환이 이루어진다.

그러므로 막스 쥬크스는 좋지 못한 역기능 가정을 세웠기 때문에 그의 후손들을 조사해 보니 300명이 일찍 죽었고, 100명이 평균 13번이나 교도소에 들어갔으며, 190명의 창녀가 있었고, 100명의 알코올 중독자가 있었다. 결국 그의 후손들은 이 사회와 국가에 유익을 주기보다 국가의 재정을 3억불이나 축내는 사람들이 되었다.

그러므로 우리의 가정에 악순환이 반복되고 있다면 내가 먼저 변화되고, 내가 먼저 치유되어 자신의 가정을 순기능 가정으로 변화시켜야 한다. 그래야 우리 가정도 선순환이 계속 돌아갈 것이다.

감성과 도덕지능이 세워짐

순기능 가정에서 감성과 도덕 지능이 세워진다. 오늘날의 시대는 IQ시대가 아니라 EQ시대(감성지수)와 MQ(도덕지능)시대라고 부른다. 그러므로 부모는 자녀에게 감성지수와 태도지수와 도덕 지능이 형성되도록 도와주어야 한다.

그러나 이러한 것들은 모두 부모가 가르쳐서 되는 것이 아니라 자녀가 가정에서 어른들을 보고 배워서 스스로 흡수되어 세워지는 것이다.

국민일보의 이준희 기자는 EQ를 높이는 방법을 이렇게 소개하였다.

"차가운 이성의 시대는 가고 21세기 따뜻한 감성의 시대가 오면서 우리 사회에서도 지능지수(IQ)보다는 감성지수(EQ)에 대한 논의가 활발해지고 있다. 전문가들은 단순한 판단력이나 형식적인 논리력 등의 지능을 넘어 자신의 감정을 조절하는 능력이 중요하다고 말한다.

교육학자 서울대 문용린 교수는 '어떤 상황이나 환경도 긍정적으로 받아들이면서 최선의 결과를 이끌어낼 수 있는 감성지능이 높은 아이로 키워야 한다.'고 주장한다. 우선 감성을 구성하는 요인들은 다섯 가지를 들 수 있다. 자기감정을 아는 힘, 자신의 감정을 조절하고 통제하는 힘, 자기에게 동기를 부여하고 자신의 잠재능력을 개발하는 힘, 다른 사람의 감정을 이해하고 내 안에서 다시 경험하는 힘, 사회적 관계를 형성하는 힘 등이다.

그렇다면 감성지수를 높이는 방법은 무엇일까?

먼저 자신의 감정에 대해 작은 부분이라도 관심을 갖는다. 만약 부부가 무감각하면 아이는 표현을 아예 하지 않을 수 있다.

그 다음 아이가 수줍음을 타는 경우 그 행동을 인정하고 북돋아준다. 따뜻한 가정 분위기를 만들어 소심해지지 않도록 한다. 감정 목록표를 만든다. 지금 어떤 상태인지, 얼굴 표정은 어떤지 기록하도록 한다.

그 다음 자신의 느끼는 감정에 이름을 붙이도록 한다. 붙여진 이름들은 감정이름표에 적는다. 그 다음 능동적인 대화를 한다. 가족회의 시간을 일주일에 한 번씩 갖는다.

그 다음 가족들이 함께 할 수 있는 행사를 계획한다. 다른 가족과 연합해서 할 수도 있다. 자녀를 지도하기 전에 자신의 감성지수를 측정하는 것도 좋은 방법이다."

순기능 가정과
본을 보여주는 부모

부모가 자녀에게 줄 수 있는 가장 큰 선물은 아버지와 어머니가 서로 사랑하는 모습을 자녀들에게 보여 주는 것이다. 부부가 서로 사랑하는 모습을 보여줄 때 자녀들은 심리적으로 안정감을 느낀다.

자녀들은 부모가 부부로서 관계를 맺어 가는 모습을 보면서 자신들이 다른 사람들과 관계를 맺는 기술을 배운다.

그러므로 자녀들은 부모의 말보다는 삶의 모든 부분을 눈으로 보고 배우는 것이다. 부모가 부부관계에서 어떻게 사랑을 주고받는지, 어떻게 갈등을 해소하는지 배우는 것이다.

그러므로 아버지는 어머니에게 사랑을 고백하는 모습을 보여주고, 어머니는 아버지를 존경하는 모습을 보여 주기 때문에 아버지는 어머니를 사랑으로 대하고, 어머니는 아버지를 존경으로 대하여야 한다.

어머니는 아버지의 사랑을 먹고 살지만 아버지는 어머니의 존경을 먹고 살아가는 것이다.

가정에서 자라고 있는 자녀는 부모의 태도로부터 인생에 있어 가장 중요한 가치를 배우는 것이다. 부모가 어떤 일에 마음을 아파하고, 어떤 때에 부끄럽게 여기는지 보고 배운다. 부모가 불행한 사람을 대하는 태도와 이성을 대하는 태도를 보고 배운다. 자녀는 인격의 가장 중요한 부분을 가정에서 부모의 본보기를 통해 배우기 때문에 부모의 본으로 자녀를 교육하는 것이 가장 중요하다.

서울대학교 의과대학 홍강의 교수는 부모의 본으로 교육하는 중요성을 강조했다.

"아동들은 다른 사람의 행동을 모방하고 되풀이함으로써 배우는데, 가장 많이 모방하고 배우는 모델은 가족 구성원 특히 부모이다.

부모와의 동일시와 부모 행동의 모방을 통하여 자기도 모르게 많은 것을 배우고 사소한 일에서도 거의 무의식적으로 부모와 가정 안의 행동적인 양상과 태도를 답습한다.

행동적인 특징, 언어적인 특징, 걸음걸이, 다른 사람에 대한 태도 등 많은 것을 자기가 가장 가깝게 지내는 부모로부터 배우게 된다.

부모의 행동이 모델이 된다는 것은 단순히 아동들이 그들의 행동을 복사하고 흉내 내는 것만으로 그치지 않고, 더 중요한 것은 어떤 상황에 처했을 때 어떻게 그 문제를 해결해 나가느냐는 문제해결 방법을 배운다는 사실이다.

예를 들어, 큰 좌절이나 문제의 상황에서 부모가 소리를 지르고 때린다든가, 고민과 긴장 속에 있을 때 머리가 아프다고 누워 버린다든가, 수동적인 방법으로 이를 회피한다면 이러한 모든 것을 자녀들도 배우며 불안과 공포를 신체적인 방법으로써 표현하는 것을 배우게 된다. 대인관계도 역시 이러한 식으로 부모의 관계를 관찰, 모방함으로써 배우게 되는데, 특히 부부 관계를 관찰함으로써 가장 가까운 두 남녀 관계가 어떤 식으로 이루어지는가를 배운다.

즉 부모의 부부 관계를 관찰함으로써 장차 자기가 갖게 될 부부 관계의 모델이 이루어지는데 이 부부 관계가 따사롭고 상호 보완적이며, 상호 존중하는 태도라면 아동들도 그와 비슷한 관계를 갖게 될 것이며, 그렇지 않고 부부 관계가 좋지 않아서 서로 싸우고 무시하고 부부 이외의 성관계를 갖는다든가 하는 경우에는 그 자녀들도 이를 모델로 하여 장차 그러한 상황으로 발전할 가능성이 높다.

부모가 자녀를 가르칠 때 말로 하는 것과 행동으로 보여 주는 것이 있 겠는데 이런 점에서 중요한 사실은 부모가 말로써 지시하는 것과 보여 주는 행동이 서로 일치되면 아동들은 이런 상황에서 부모의 지시를 잘 따를 것이나 만일 부모가 말로 하는 것과 행동으로 보여 주는 것이 틀릴 경우에는 그 아동은 혼돈에 빠질 수가 있고, 부모에 대한 불신과 저항을 가질 수 있다는 것이다.

예를 들어, 부모가 자녀에게는 '정직하라'고 말하면서 실제적인 행동 으로 거짓말을 한다거나 남을 속이는 행동을 하였을 때, 자녀에게는 자 기 억제를 요구하면서 자기가 화났을 때는 참지 못하고 아이들을 때리 거나 심한 공격적인 행동을 보였을 때, 말로는 사랑한다고 하지만 표 정이나 행동 속에서는 자녀들을 미워하고 관심 없는 태도를 보이는 경 우, 아동은 그것을 어떻게 받아들여야 할지 의문과 혼돈에 빠지기 쉽다.

사실 부모의 가르침 중에서 가장 중요한 것은 말보다 행동이다. 자녀 들은 행동적인 것을 더 중요시하고 이에 반응을 보인다.
또 부모의 행동을 통해서 배운 바나 부모의 지시에 따라서 얻어진 어 떤 행동의 표준은 그들 인간의 이상형이나 초자아의 일부가 되어 장차 그들의 행동을 이끄는 중요한 요소가 될 것이다."

청소년보호위원회 위원장이었던 강지원은 부모의 모범을 통한 교육을 강조했다.

"부모의 삶은 자녀의 삶에 엄청난 영향을 미친다. 부모의 일거수일투족은 자녀의 잠재의식에 그대로 심어지고 반사되듯, 비슷한 여건, 유사한 상황 속에서 마치 부모의 분신과도 같은 행동들이 자신도 의식하지 못하는 가운데 그대로 표출된다.

그래서 부모는 훌륭해야 한다. 적어도 자녀에게 세상살이를 지도할 수 있을 정도로는 훌륭해야 한다. 부모가 훌륭하다 함은 무슨 뜻인가. 부모가 훌륭한 참된 삶을 산다는 뜻일 것이다. 우리가 자녀에게 참된 삶을 가르치기 위해서는 우리가 먼저 참된 삶을 살아야 한다.

그리고 스스로 실천하면서 자녀의 모범이 되어야 한다. 부모가 모범이 되는 것 이상의 훌륭한 교육은 없다. 부모는 제멋대로 행동하면서 자녀에게 이래라 저래라 해서는 아무런 효과가 없을 뿐 아니라 오히려 나쁜 영향을 미친다. 부모의 삶은 자기 자신의 삶인 동시에 자녀에게 보여주고 들려주는 삶이다. 자녀는 부모의 삶을 한 순간도 놓치지 않고 듣고 보고 배우면서 자란다.

장차 성장하여 부모의 참되지 못한 삶을 비판하고 극복할 수 있게 되기 전까지는 자녀에게 있어 부모의 삶은 그들의 표본이요, 지침이 되는 것이다. 그렇다면 부모는 어떠한 삶을 살아야 하며 어떠한 삶을 자녀에게 가르쳐야 하겠는가?"

그러므로 모든 자녀는 부모의 본보기가 필요하다. 자녀는 부모의 여러 가지 행동을 보고 배우는 것이지, 말로만 하는 것을 보고 배우는 것이 아니다.

자녀는 부모의 행동과 문제를 해결하는 방법을 보면서 무엇이 가치 있고, 무엇을 어떻게 해결하는지를 보고 배우기 때문에 부모의 본보기로 가르치는 것이 가장 중요하다.

훌륭한 아버지

모든 자녀는 아버지의 모든 행동을 그대로 닮아간다. 따라서 훌륭한 아버지만이 훌륭한 자녀를 만들어낼 수 있다.

모든 아버지에게 교훈을 주는 두 편의 시가 있다.

어느 날 내게 한 아이가 태어났다.

그 아이는 남들과 꼭 같은 방법으로 세상에 왔지만 그러나 그 아이에게는 밟아야 할 단계가 있었고, 지불해야 할 계산서가 있었다.

그 아이는 내가 없는 동안 걸음마를 배웠다.

또 내가 알지 못하는 사이에 말도 배웠다.

그는 자라가면서 이렇게 말했다.

'아빠, 나는 아빠 같은 사람이 될래요. 아시겠죠?'

'나는 아빠 같은 사람이 되겠어요.'

'아빠, 집에 언제 오실 거예요?'

'글쎄, 아들아 잘 모르겠구나.'

'그러나 내가 돌아오면 그때 함께 지내자구나. 알겠지?'

'그때 우리는 즐거운 시간을 보낼 수 있을 거야.'

어느 날 아침 아들은 열 살이 되었다.

그는 말했다.

'아빠, 공을 사주셔서 고마워요. 오서서 함께 놀아요.'

'내게 공을 던지는 법을 좀 가르쳐 주시겠어요?'

나는 말했다.

'오늘은 안 된다. 아들아, 내게 할 일이 많이 있단다.'

그러자 그는 '알았어요.'라고 대답하고는 밖으로 나갔다.

그러나 얼굴에 미소가 사라진 것은 아니었다.

그는 계속해서 말했다.

'나는 아빠 같은 사람이 되겠어요.'

'나는 아빠 같은 사람이 되겠어요.'

어느 날 아들은 말했다.

'아빠, 집에 언제 오시겠어요.'

'글쎄, 아들아 잘 모르겠구나.'

'그러나 내가 돌아오면 그때 함께 지내자구나. 알겠지?'

'그때 우리는 즐거운 시간을 보낼 수 있을 거란다.'

어느 날 아들은 대학에서 돌아왔다.

내가 먼저 말을 걸었다.

'아들아, 네가 참 자랑스럽구나. 잠시만 내 곁에 앉아 있을 수 있겠니?'

아들은 머리를 흔들며 미소를 지으며 말했다.

'내가 진짜 원하는 것은, 아버지의 자동차 열쇠를 빌리는 것이에요.'

'나중에 봐요. 자동차 좀 빌려도 되겠죠?'

어느 날 아버지는 아들에게 말한다.

'아들아, 집에 언제 돌아오겠니?'

'글쎄요, 아버지. 잘 모르겠어요.'

'그러나 제가 돌아오면 그때 함께 지내요. 아셨죠?'

'그때 우리는 즐거운 시간을 보낼 수 있을 거예요.'

그 후로 나는 은퇴하여 집에 있은 지 오래됐고 아들은 멀리 이사를 갔다.

어느 날 나는 그에게 전화를 걸었다.

나는 전화를 끊었을 때 불현듯 생각나는 것이 있었다.
내 아들은 꼭 나 같은 사람이 되었구나.
어느 날 아버지는 또 전화를 걸었다.
'아들아, 너만 괜찮다면 한 번 보고 싶구나.'

아들은 말했다.
'아버지, 나도 굉장히 그러고 싶어요. 시간만 난다면.'
'그러나 아버지도 아시다시피 새 직장이 무척 힘들고,
아이들도 감기에 걸려 있어요. 아버지께 양해를 구하는 것이 좋겠죠?
아버지 이해해 주세요.'

나는 전화를 끊었을 때 불현듯 생각나는 것이 있었다.
내 아들은 꼭 나 같은 사람이 되었던 것이다.

"당신을 따라다니는 작은 눈들이 있다. 그들은 밤이나 낮이나 항상
당신을 지켜보고 있다. 당신이 하는 말마다 하나도 놓치지 않고, 재빨리
주어 담는 작은 귀들이 있다. 당신이 하는 일마다 열심히 따라 하는 작
은 손들이 있다.

그리고 나중에 당신과 같은 사람이 될 날을 꿈꾸고 있는 작은 아들이

있다. 당신은 그 꼬마 아이의 우상이다. 당신은 지혜로운 사람 중 가장 지혜로운 사람이다. 그 꼬마 아이의 작은 가슴속에는 당신에 대해 아주 작은 부분이라도 의심하지 않는다. 그는 당신을 전폭적으로 믿고, 당신이 말하고 행동하는 모든 것을 마음에 둔다.

그래서 그가 자라 당신 같은 사람이 되었을 때 그는 꼭 당신이 하던 대로 말하고 행동할 것이다.

당신을 언제나 옳다고 생각하는 큰 눈의 꼬마 아이가 있다. 그의 귀는 항상 열려 있고, 그의 눈은 낮이나 밤이나 당신을 지켜보고 있다. 당신이 하는 모든 일은 날마다 본보기의 자리에 놓여 있다. 왜냐하면 그 꼬마 아들이 자라 당신과 같은 사람이 되려고 기다리고 있기 때문이다."

그러므로 아버지는 가정의 공급자이며 보호자가 되어야 한다.
따라서 아버지는 가족을 부양할 책임이 있다.

사도 바울의 말을 들어보자.

"누구든지 자기 친족 특히 자기 가족을 돌보지 아니하면 믿음을 배반한 자요 불신자보다 더 악한 자니라"(딤전 5:8)

아버지가 가족을 부양하지 않으면 가정의 지도자로서의 올바른 모습을 보여줄 수 없다. 따라서 아버지는 가족의 필요를 준비하고 대비하고 공급해야할 책임을 가지고 있다. 아버지는 가족들에게 영적인 필요와 정서적인 필요와 신체적인 필요를 공급해 주어야 한다. 아버지는 가족의 머리로서 자기 가족의 재정적인 안정을 마련해 주어야 한다. 사랑하는 가족들을 위한 음식과 옷을 마련하려면 돈이 필요하겠지만 단지 돈만 지불하는 아버지가 되어서는 안 된다.

아버지로서 가족의 모든 필요에 민감하게 반응하며, 관심을 기울이는 사랑이 많은 공급자가 되어야 한다.

그러므로 가족들은 여러 가지 방법으로 표현되는 아버지의 사랑을 느껴야 한다. 아버지는 가족들과 시간을 같이 보내야 한다. 시간은 언제나 시간의 양이 아니라 가족들의 활동에 쏟는 아버지의 관심으로 말미암아 시간의 질이 표현되는 것이다.

아버지들에게 있는 두 가지 극단은 너무나 게으른 아버지가 되거나 너무 바빠서 가정이나 교회의 일에 참여하지 못하는 아버지가 되는 것이다.

가정을 보호하는 아버지

아버지는 아내와 자녀들의 영적인 필요와 정서적인 필요와 신체적인 필요를 공급해 주어야 한다. 아버지로서 자녀가 어떤 종류의 책을 읽는지 알아야 한다. 그리고 자녀들이 어떤 활동에 참여하는지, 자녀들의 친구가 누구인지, 자녀들이 어떤 텔레비전 프로그램을 보고 있는지 알아야 한다. 아버지는 자기 가족을 향하여 보호적인 본능을 가져야 한다.

아버지는 다른 사람 앞에서 가족에 대해 무례하게 말하지 않고, 아버지의 행동으로 말미암아 가족들이 당황하지 않도록 배려해야 한다. 아버지는 자녀들의 어머니가 육체적으로 연약하다는 것을 알기 때문에 자녀들의 어머니가 과로하지 않도록 도와주어야 한다.

아버지는 자녀들이 어머니에게 무례하게 행동하지 못하도록 어머니를 보호해야 한다. 아버지는 자녀들의 어머니를 존경과 사랑과 관심으로 대하며 위험한 상황에서 보호해야 한다.

자녀를 사랑하는 아버지

아버지는 자녀들을 사랑하되 부드러운 손길과 관심이 담긴 눈길과 피부접촉을 통해 자녀들에게 사랑을 표현해야 한다.

아버지는 자녀들과 함께 시간을 보내야 한다.

에베소서 6장 4절에 의하면 아버지는 주의 교훈과 훈계로 자녀를 양육할 책임을 가지고 있다. 여기서 "주의 교훈"은 교육과 관계가 있고, "주의 훈계"는 징계와 관련되어 있다. 그러므로 아버지는 자녀들을 주의 교훈으로 가르치고 징계하되 주의 훈계로 징계해야 한다.

「좋은 아버지들의 모임」의 장종수 간사는 국민일보에서 자녀를 향한 아버지의 사랑 전달법을 소개했다.

"부모는 자녀들에게 축복의 말들로 사랑을 전하고 자녀들은 부모님의 은혜에 감사하며 가족의 고마움을 느낀다.

'즐거운 곳에서는 날 오라 하여도 내 쉴 곳은 작은 집 내 집뿐이리'라는 노래의 가사처럼 가족들은 작고 초라한 곳이라도 내 집이 좋은 것이다. 내 집이 건강한 가정이 되도록 부모도 아이들도 노력해야 한다.

그렇지만 모든 가정이 건강한 것은 아니다. 회사가 바빠 아침 일찍 나가 저녁 늦게 들어오는 아버지, 항상 술에 취해 있는 모습을 보이는 아버지, 집에 있을 때는 온종일 텔레비전만 보는 아버지, 일에 몰두해 가족들에게 관심이 없고 소홀한 아버지 등 마음으로야 가족사랑 안 하는 아버지가 있을까마는 실생활이 이렇다면 가정은 약해지고 병들게 된다.

물론 아버지들은 바쁘고 힘이 든다. 또 시간도 없다. 하지만 아버지는 홀몸이 아니라는 것을 깨달아야 한다.

해바라기가 해를 따로 돌듯 가족들은 항상 아버지를 바라보고 산다. 바쁘더라도 조그만 짬을 내 가족에게 사랑을 전해야 한다. 속으로 깊은 사랑도 물론 큰 사랑이다. 하지만 그 깊은 사랑이 밖으로 표현된다면 자녀들이 얼마나 큰 행복을 느끼겠는가?

사랑의 절반은 알고 보면 표현이다. 눈빛으로, 다정한 말로, 몸짓으로 사랑의 마음이 전해질 때 사랑은 진정한 가치를 발휘한다.

자녀들이 행복을 느낄 때 부모는 그만큼 더 행복해진다.

자, 그럼 시간이 없는 아버지들이 쉽게 할 수 있는 사랑 전달 방법을 한번 생각해 보자. 아이들과의 눈맞춤은 어떨까? 시간이 결코 많이 필요한 것이 아니며, 실은 몇 초밖에 걸리지 않는다. '어릴 때는 잘했는데 아이가 자라면 어색해져서 그런지 잘 되지 않는다.'고 말하는 아버지들이 많다. 누굴 사랑하면 저절로 눈을 맞춰 사랑을 전하지 않는가?

아버지의 정겨운 눈맞춤을 받은 자녀들은 신이 날 것이다. 포근하게 안아주는 것도 좋은 방법이다. 아이가 어릴 때는 잘도 안아주는데 클수록 안 하게 된다. 습관처럼 매일 한번만이라도 포근하게 안아주자."

자녀를 지도하는 아버지

아버지가 자녀를 바르게 지도하려면 전인격적으로 건강한 사람이 되려고 노력해야 한다. 전인격적으로 건강한 아버지는 모든 가족들을 사랑으로 대한다.

그러므로 아버지는 무엇보다도 자녀를 사랑하는 아버지가 되어야 한다. 그리고 아버지는 자기 아내를 사랑해야 한다. 아버지가 자녀에게 줄 수 있는 가장 최고의 선물은 자녀의 어머니를 사랑하는 모습을 보여주는 것이다.

아버지는 창조적인 사람으로서 여러 가지 아이디어를 발휘해서 자녀들을 지도하고 가르쳐야 한다. 아버지는 자녀가 성장해서 아버지를 떠나갈 수 있도록 독립심을 길러주고, 자녀와 함께 시간을 보낼 수 있어야 한다. 함께 시간을 보내면서 자녀와 정겨운 대화를 나누는 부모가 되어야 한다.

찰스 스윈돌 목사는 자녀와의 잊지 못할 대화의 경험을 이렇게 소개했다.

"언젠가 나는 밤에 우리 아이 한 명과 한 시간 반을 함께 앉아 대화를 한 적이 있었다. 그 아이의 마음속에 있는 것들에 대해 대화를 하였다. 나는 그저 그 아이의 말에 귀만 기울였다.

그리고 비난도 설교도 아무 것도 하지 않았다. 또한 그 아이를 뜯고 치려고 성경 구절을 읽어대지도 않았다. 그저 듣기만 하고 관찰하고 지켜보기만 했다. 그 아이는 웃었다. 그리고는 또 울었다."

아버지가 자녀를 근실히 징계해야 하는 이유는 자녀를 징계하지 않는 것은 자녀를 사랑하지 않는 것과 같기 때문이다.

아버지는 가족을 돌보기 위해 유머 감각을 개발하고 무엇보다도 아버지 됨을 즐거워해야 한다.

가정의 제사장인 아버지

오늘날 각자가 하나님께 직접 이야기할 특권을 가지고 있지만, 아버지는 여전히 자기 자녀를 영적으로 훈련해야할 책임이 있다.

성경에서 오래 전에 아버지들에게 주신 하나님의 명령은 오늘날의 아버지들에게도 아직은 의미가 있다.

그래서 하나님께서는 "너는 마음을 다하고 뜻을 다하고 힘을 다하여 네 하나님 여호와를 사랑하라 오늘 내가 네게 명하는 이 말씀을 너는 마음에 새기고 네 자녀에게 부지런히 가르치며 집에 앉았을 때에든지 길을 갈 때에든지 누워 있을 때에든지 일어날 때에든지 이 말씀을 강론할 것이며"(신 6:5-7)라고 명령하셨다.

오늘날의 아버지들은 너무나 바쁜 나머지 아버지의 책임을 포기하는 경우가 많다. 그러나 아무리 바쁘더라도 일주일에 한 번은 온 가족이 모여 각자의 활동을 토론하고 그것을 각자의 삶을 위한 하나님의 계획과 연관시켜야 한다. 또한 오늘날의 많은 아버지들은 상당한 시간동안 집밖에서 보낸다.

따라서 아버지가 없는 동안 어머니는 가정에서 아버지의 책임을 맡아서 처리해야 한다.

아버지는 가정의 제사장으로서 성령 충만하고 규칙적으로 성경을 읽어야 한다. 아버지는 가정 예배를 인도할 책임을 가지고, 가족에게 가장 잘 맞는 시간을 정하고, 딱딱하지 않게 인도하며, 지속적으로 가정 예배를 드리되 자녀들을 참여시켜야 한다. 자녀가 성경을 읽을 수도 있고, 기도할 수도 있고, 사회를 볼 수도 있도록 격려해야 한다. 아버지는 세계의 모든 사람을 위하여 사역하기 이전에 먼저 자신의 가족들에게 사역을 해야 한다.

가족들을 변화시키는 아버지가 되는 것도 중요하지만 먼저 아버지 자신이 변화됨으로써 가족들을 변화시켜야 한다.

또한 가족들을 가르치려 하기보다는 아버지 자신이 먼저 배움으로 가족들을 이끌어 주어야 한다. 가족들에게 물질적 풍요를 안겨주는 것도 중요하지만 먼저 영적인 부요함을 안겨주며, 편안하고 안락한 삶보다는 의와 진리를 위한 고난의 길을 격려하며, 많은 일보다 옳은 일에 관심을 갖도록 인도해야 한다.

두란노 어린이연구원 도은미 실장은 아버지의 역할의 중요성을 강조했다.

"남자로 태어난다고 다 남성이 되는 것은 아니다. 남성이 된다고 다 남편이 되는 것도 아니다. 남편이 된다고 다 아버지가 되는 것도 아니다. 자식이 있다고 아버지가 되는 것도 아니다.

이는 남자라는 신분의 결정이 아버지 됨에 있기 때문이다.

남자라는 신분의 최고의 경지는 바로 아버지가 되는 것이다.

대통령이 되는 것도 교수가 되는 것도 사장이 되는 것도 아니 이 세상의 어떤 신분이라도 남자로 태어나 아버지가 되어 보는 것 이상으로 고귀하고 아름다운 신분은 없다."

하이 패밀리 송길원 소장도 아버지 역할의 중요성을 강조했다.

"우리도 아버지 역할을 배워야 한다. 그리고 아버지다운 아버지가 되어야 한다. 제가 기독교 가정사역 연구소의 소장인데 만일 연구소 소장직 보다 더 중요한 사역이 생겨 이 일을 그만둔다고 하자.

누군가가 이 일을 보충할 것이다.

더 유능하고 뛰어난 재능을 가진 사람이 이 일을 대신해 줄 것이다. 더구나 저희 집 예준이가 벌써부터 소장을 하겠다고 선언했으니 제가 그만둔다고 해서 연구소가 문제되지는 않을 것이다.

만일 제가 안양대학교 신학대학원 교수로서 사역을 당장 그만둘 수밖에 없는 사정이 생겼다고 하자. 학교는 교수 모집 공고를 낼 것이고, 이에 따라 실력이 더 뛰어난 교수가 그 자리를 대신해 줄 것이다.

그러나 제가 너무 바쁜 일이 생겨 아버지 역할을 할 수 없으니 누구에게 그 역할을 대신 해달라고 부탁해도 해줄 수 있는 사람이 없다.

다른 역할은 누구라도 채워 주고 보충해 줄 수 있다.

그러나 아버지 역할만큼은 불가능 한 일이다."

어떤 이유로 자녀에게 아버지가 없으면 3세 이전에는 아무런 문제가 되지 않지만 아버지가 3-5세 사이에 없으면 자녀들에게 많은 문제들이 생겨난다.

그러므로 모든 아버지는 자녀에게 권위가 있어야 한다. 심리적으로 안정되고 기본생활 버릇들이기를 도와주는 아버지가 되어야 한다. 만약 이 시기에 아버지의 교육이 없다면 나중에 큰 잘못을 저지를 가능성이 더 많다.

어머니는 주관적이고 감정적이고 무조건적인 특성을 가지고 있지만 아버지는 객관적이고 이성적이고 조건적인 특성을 가지고 있기 때문에 어린 시절에 어머니와 아버지의 교육이 모두 필요한 것이다.

딸이 아버지를 좋아할 시기나 아들이 어머니를 좋아할 시기에 부모가 없었다면 그 자녀는 어른이 되어서 부부관계나 모자관계나 부자관계에서 문제가 생길 가능성이 더 많다.

아버지는 자녀에게 정의와 절제와 인내와 윤리와 도덕을 가르쳐야 한다. 현대사회에서는 아버지의 역할과 어머니의 역할이 서로 중복되어 있다. 아버지와 어머니뿐 아니라 남녀의 입장 자체가 서로 중복되어 있다. 따라서 남자는 남자다움이 적어지고 여자는 여자다움이 적어지는 것이다.

그러므로 자녀 양육에서 절대로 아버지가 아니면 되지 않는 교육과 절대로 어머니가 아니면 되지 않는 교육과 양쪽 모두가 다 해도 좋은 교육의 명확한 구분이 있어야 한다.

예를 들어 아버지가 우유를 타는 것은 상관없지만 아기를 안고 우유를 먹이는 것은 어머니가 해야 한다. 아기는 어머니의 부드러운 가슴에 안기는 것이 아버지의 뼈만 있는 딱딱한 가슴에 안기는 것보다는 훨씬 더 아기에게 정서적으로 안정감을 주기 때문이다.

자녀에게 필요한 아버지

아버지는 아기에게 몸을 움직이는 즐거움을 가르쳐주는 것으로 남자다움의 접촉이 필요하다.

그러므로 아버지는 자녀를 자신의 목에 목마를 태운다든지, 자녀가 스릴을 경험할 수 있는 놀이가 필요하다. 자녀가 커다란 문제에 직면했을 때 지도력을 가지고 정확한 판단을 내려 한 가정의 기둥으로서의 든든함을 발휘하는 것도 아버지가 해야 할 역할이다.

그러므로 자녀양육은 아버지와 어머니가 협력해서 이루어 나가야할 과업이다. 아버지의 영향력이 줄어들면 자녀들은 반드시 영향을 받게 되어 있다. 사실 아버지는 자녀에게 행동의 모델로 어머니는 돌봐주는 사람으로 인식되어 있다. 따라서 자녀에게 아버지가 채워줘야 할 자리가 따로 있는 것이다.

아버지의 참여가 없으면 자녀들은 결코 균형 있는 가정교육을 받을 수 없다. 아버지 없이 자란 자녀들은 시험성적이 낮고, 학업성취 속도도 느리며, 가난해질 확률은 10배나 더 높다는 통계가 있다. 또 성적으로 문란해지기 쉽고, 여자아이들은 미혼모가 될 확률이 70%나 더 높다는 통계가 있다.

지금 미국에는 아버지 없이 자라는 자녀들이 3분의 1이나 된다.

이들은 양친이 있는 가정의 자녀들에 비해 다섯 배나 더 가난하게 살아간다. 요즘 자녀들 중에 "나도 다음에 아버지처럼 될 거예요"라고 말하는 자녀들이 줄어들고 있다.

그러므로 자신이 아버지를 닮았다고 생각하는 자녀들은 성숙한 도덕성과 가치관을 가지고 있으며, 아버지와의 관계도 매우 좋다. 또한 아버지와 좋은 관계를 경험한 자녀들은 신체적으로 건강하고 정서적으로 안정되어 있다.

따라서 아버지는 자녀에게 가장 영향력 있는 모델이다.

아버지를 결코 닮지 않겠다고 결심하는 자녀들도 결국은 아버지를 닮아간다. 자기 일에 바쁜 아버지는 결코 자녀를 올바르게 교육할 수 없다. 아버지가 너무 오래 자리를 비우면 자녀들은 아버지 없이 사는데 익숙해지고 그렇게 사는 방법을 터득하게 된다.

그렇게 되면 아버지의 자리는 영영 회복하기 어려운 것이다.

아버지는 하나님이 가정에 세우신 제사장과 같은 존재이다.

적극적인 자세를 길러 주는 아버지

당신의 자녀가 성공적인 인생을 살아가려면 무엇이 필요할까?

무엇보다도 자녀에게 적극적인 자세가 필요하다. 적극적인 자세를 가진 자녀는 무엇에든지 도전할 의욕이 있다. 적극적인 자녀의 마음속에서 자신의 꿈을 성취할 에너지가 솟아 나와 여러 가지 일에 흥미를 가지고 스스로 도전하며 적극적으로 성취하는 것이다.

그러므로 아버지가 자녀의 적극적인 자세를 길러 주는 것은 그 자녀의 장래를 위해 아주 중요한 일이다. 아버지가 자녀의 적극적인 자세를 길러 주기 위해서 어떤 물건의 묶여진 노끈을 푸는 데도 가위로 잘라버리지 말고, 이렇게 하면 풀린다는 것을 차근차근 가르쳐 주면, 복잡하게 얽혀 있어도 순서대로 풀어나가면 된다는 것을 알게 되어 그런 것에 흥미를 느끼게 된다.

자녀가 집짓기 놀이에서 탑을 만드는 것과 집을 자기 손으로 만들었다는 기쁨을 한번 맛보면, 자녀는 시간이 걸려도 열심히 만들게 된다.

그러므로 자녀의 적극적인 자세를 칭찬하거나 격려하면서 자녀에게 자신이 하는 일에 흥미를 갖도록 지도해야 한다. 부모를 통해 적극적인 자세가 길러진 자녀들은 모든 일을 끈기 있게 실천할 수 있을 것이다.

예를 들어 새라든가 곤충의 모습을 열심히 관찰할 수도 있다. 어떤 물건의 끈을 시간을 들여서 정성껏 풀려고 노력할 수도 있다. 부모에게 부탁받은 일을 마지막까지 시간이 걸려도 해낼 수 있다. 어떤 물건을 구입하기 원하지만 그 가게에 그것이 없으면 다음 가게로, 그 가게에도 없으면 또 다른 가게를 찾아가는 자녀가 될 수 있다.

따라서 아버지는 자녀가 시작한 일을 끝까지 해내는 자녀가 되도록 지도해야 한다.

버릇들이기 교육하는 아버지

아버지는 자녀에게 버릇들이기 교육을 해주어야 한다.

솔로몬은 잠언 22장 6절에서 "마땅히 행할 길을 아이에게 가르치라 그리하면 늙어도 그것을 떠나지 아니하리라"라고 말했다.

아버지의 버릇들이기 교육은 아버지가 가정에서 자녀에게 기본적인 훈련을 시켜 주는 것이다. 이것은 아버지가 자녀에게 좋은 습관과 버릇을 갖도록 도와주는 것이다.

그래서 아버지에게 잘 배운 자녀는 자신이 자신을 스스로 다스릴 줄 알게 된다. 어떤 일을 할 때 누가 시켜야 하는 것이 아니라 자기 스스로 할 줄 아는 책임이 있고 건강한 자녀로 성장한다.

특히 버릇들이기 교육은 어머니의 이해심과 아버지의 엄격성이 잘 조화를 이룰 때 효과를 발휘한다. 그래서 자녀가 혼자서도 스스로 모든 것을 잘할 수 있도록 지도해야 한다. 자녀가 못하니까 어머니가 먹여주고, 옷을 입혀주고, 등에 업어주고, 몸이나 이를 닦아주고, 넘어졌을 때 일으켜 세워줌으로 스스로 할 줄 모르는 자녀로 성장하는 것은 매우 잘못된 교육방법이다.

그 결과 어른이 되어서도 독립심이 없고, 늘 부모를 의지하고, 요즘 흔히 알려진 마마보이로 성장하는 것이다. 그래서 이렇게 자란 자녀는 여섯 가지의 무주의로 행동하게 된다. 다시 말해서 무기력한 아이, 무책임한 아이, 무감동한 아이, 무관심한 아이, 무학력의 아이, 무교양의 아이로 성장하는 것이다.

그래서 가정에서 아버지의 역할은 자녀가 자라서 올바른 사회인이 되도록 자녀의 모델 역할을 해주는 것이다. 아버지로서 자신의 인생관이나 가치관을 분명히 보여주고, 세상에서 일어나는 일에 대한 분명한 자세를 보여주는 것이다. 자녀의 잘못을 보고 웃기만 할 때 자녀에게 잘못된 가치관이 심어진다.

그래서 자녀로서 아버지와 관계가 원만한 자녀는 자신이 아버지가 되었을 때 좋은 아버지가 될 것이다. 그러므로 아버지가 없는 가정에서 자라난 자녀가 통계적으로 비행 청소년이 되는 경우가 많다.

연세대학교 아동학과 김경희 교수는「세 살 버릇이 평생 버릇」이라고 강조하며 자녀의 버릇들이기 방법을 이렇게 소개했다.

"세 살 버릇이 여든까지 간다.'라든가, '버릇은 제 2의 천성' 등과 같은 격언에서 시사하는 바와 같이, 버릇이란 인생의 초기에 얻어지는 후천적인 경향성으로 버릇은 일단 형성되면 변화되기 어려운 것이다.

심리학에서 버릇은 개인의 경향을 특정 짓는 것으로, 인지적, 정서적, 사회적 맥락에서 나타나는 특정한 반응 양식이라고 정의하고 있다.

습관은 생득적 행동인 반사행동과는 다르며, 후천적으로 학습과정을 통해 형성되는 것이다. 따라서 어떻게 습관을 들이는가에 따라 달라질 수 있으므로, 길들이는 것이 중요한 문제가 된다. 습관은 가변성이 풍부한 유아기가 지나면 좀처럼 변하지 않기 때문에, 유아기 때 습관이 어떻게 형성되는가 하는 것은 그 사람의 장래 생활 형태를 결정하는 중요한 요인이며 이를 통해서 그 사람의 행동을 예측할 수도 있다. 습관은 개인마다 다르고 특유하며, 이것은 또 개인 성격의 중심을 이루게 된다.

따라서 바람직한 생활습관을 어떻게 언제 형성시키는 것이 적절할지, 좋지 못한 습관은 왜 생기는지, 그리고 이러한 습관을 교정 또는 예방하는 방법을 알아보는 것은 대단히 중요하고 필요한 일이다.

습관은 보편적으로 보면 수면 습관, 식습관, 배변 훈련, 청결습관과 이 기본습관에 기초하여 파생되는 자조 활동, 물건 아껴 쓰기, 금전관리, 시간관리, 공부 습관 및 대인 관계에서 나타나는 태도를 포함하는 생활습관으로 나눌 수 있다."

수면습관을 길러 주는 아버지

　바람직하지 못한 수면습관은 빨리 잠들지 못하는 것과 잠자리에 들어서 뒤척거리거나 꼼지락거리면서 잠들기까지 시간이 꽤 오래 걸리는 경우와 꿈을 많이 꾸면서 자다가 놀라는 경우와 늘 꾸벅꾸벅 조는 경우와 불면증으로 고생하는 경우인 것이다. 이러한 습관의 원인은 환경의 요인과 심리적 요인으로 나눌 수 있을 것이다.

　심리적 요인은 다시 부모의 문제와 자녀의 문제로 나누어진다.
　환경적 요인으로 잠자리에 들어서 40분 정도가 지나도 잠들지 못하는 경우가 있는데, 그럴 때에는 다음과 같은 원인 때문이다.
　먼저 방의 조명이 너무 밝을 때와 환기 부족으로 공기가 탁할 때와 소음이 있고 실내가 너무 추운 경우와 실내가 너무 더울 때와 이불이 너무 무겁거나 깨끗하지 못할 때이다.

　환경적인 원인은 일시적이어서 이 조건들을 개선하면 쉽게 잠을 청할 수도 있을 것이다.
　부모의 심리적인 원인은 자녀가 재미있게 놀고 있어서 잠자고 싶지 않을 때 억지로 재우려는 경우이다.
　자녀가 떠들고 노는 소리가 시끄러워서 억지로 재우려는 경우이다.
　잠자리에 들기 전에 늘 씻기고 잠옷을 갈아입히는 등 번거로운 절차를 강요하는 경우이다.

자녀는 잠자리에 들게 하고 부모들만 TV를 시청하는 경우이다.

잠자리에 들었을 때 잔소리를 하거나 야단치는 경우이다.

자녀의 심리적 원인은 장난감이나 인형을 가지고 자는

습관이 있는 자녀가 장난감 없어 잠자리에 드는 경우이다.

부모와 떨어진 것을 두려워하여 불면증이 계속되는 경우이다.

자다가 무서운 꿈을 꾼 경우이다.

그리고 고독감을 느끼는 경우이다.

그리고 부모의 애정이 부족에서 주의를 끌려는 욕구가 있기 때문에
그러한 현상이 일어나기도 한다.

이러한 심리적 원인들은 환경의 원인보다

수면장애의 근본적인 원인이 된다.

그러므로 자녀에게 건강한 수면습관을 길러주어야 한다.

잠을 자는 것은 인간이 살아가는 데 꼭 필요하며, 규칙적인 일상생활
의 한부분이라는 것을 자녀에게 가르쳐주어야 한다.

잠을 잘 자지 않는다고 해서 벌을 준다고 말하거나 또는 위협하여 잠
을 재우는 훈육 방식은 피하는 것이 좋다. 왜냐하면 야단치거나 위협하
면 자녀는 자는 척하고, 일시적으로 어머니의 눈을 속이는 행동을 하기
때문이다.

어머니의 꾸중과 위협 때문에 불안감이 생기며, 더욱 부정적인 영향으로 어머니에 대한 적개심이 생기는 경우도 있다.

잠자기 전에 너무 흥분되는 놀이나 활동을 삼가고, 자녀를 자극적이지 말고 무섭지 않은 이야기를 들려주는 것도 좋은 방법이다.

유아 때부터 일정한 시간에 잠들도록 도와주고, 불을 끄고 혼자서 자게 하는 습관을 들이는 것이 필요하다. 이렇게 습관을 들이는 데는 시간이 필요하며, 무엇보다도 어머니의 인내심이 요구된다.

자녀가 완전히 잠들 때까지 어머니가 옆에 있어 주는 것이 좋으며, 잠든 후에도 잠시 머물러 있는 것이 바람직할 것이다.

훌륭한 어머니

어머니는 자녀를 단지 낳은 것으로 끝나는 것이 아니라 잘 양육해야 할 책임이 있다. 하나님께서는 자녀를 벌로 주신 것이 아니라 사랑의 선물로 주셨기 때문이다.

그래서 어머니는 자녀를 향하여 욕하고 윽박지르는 것은 금물이며, 어머니는 아버지로부터 자녀의 훈련과 양육의 권위와 책임을 위임받기 때문에 어머니는 자녀를 사랑으로 일관성 있게 교육해야 한다.

모유로 키우는 어머니

모유의 장점은 다양하며 신생아에게 가장 완전한 음식이다. 엄마가 섭취한 음식물을 가지고 하나님께서 조리하신 완전한 음식이며, 아기가 모유를 먹는 동안 엄마와 아기의 사랑의 교감이 이루어진다.

엄마 품에 안겨 젖을 먹는 동안 엄마의 심장 박동소리를 들으며 새근 새근 잠이 든다. 그 순간 아기는 이 세상에서 가장 큰 평안을 경험하게 되며, 피부와 피부의 접촉으로 인하여 모자간의 더욱 깊은 애정이 생기게 된다.

모유는 갓 태어난 아기에게 여러 가지 질병에 대한 중요한 면역력을 제공한다. 신생아는 어머니로부터 항체를 받는데 그 항체는 신생아 스스로 만들 수는 없는 것으로 감염과 알레르기로부터 신생아를 보호해 준다.

모유를 먹은 아기는 호흡기 및 위장 감염이 우유를 먹은 아기에 비해 더 적은 것으로 알려져 있다. 또한 모유는 우유보다 아기가 소화하기 쉬운데 특히 모유의 지방은 아기에게 전부 흡수되지만 우유의 지방은 80% 정도만 흡수 된다. 또한 우유를 먹고 자란 아기보다 모유를 먹고 자란 아기는 비만이나 과체중의 위험이 더 적다.

따라서 모유를 먹고 자란 아기는 먹는 양을 더 잘 통제할 수 있다. 더 이상 배고프지 않으면 엄마의 젖을 빨기를 멈추고, 어머니는 아기가 얼마나 많이 먹었는지 알 수 없지만 아기가 충분히 먹었다는 것을 아기의 모습을 보고 알게 된다.

그러나 우유를 먹이는 어머니는 아기가 우유병에 있는 우유를 모두 먹어야 한다고 생각하기 때문에 아기가 더 이상 배고프지 않다고 신호를 보내는데도 이를 무시하고 계속 먹도록 강요하기 쉽다. 모유는 아기의 두뇌발육에 필요한 물질을 포함하고 있다.

요즘 어머니들은 자녀에 대한 의식이 변하고 있다.
과거와는 달리 자녀의 수가 적은 편이 좋다고 생각하는 어머니, 자녀에 대한 관심이 지나치게 강한 어머니, 자녀를 물건처럼 취급하는 어머니도 있다. 이처럼 자녀에 대한 태도에 이상이 있는 어머니가 많아짐으로써 자녀에게도 지금까지 없었던 이상증세들이 나타난다.

그 한 예가 아기가 모유를 기피하는 것이다.
모유는 아기의 유일한 영양으로 생명을 유지시켜 주는 수단이기 때문에 아기가 모유를 먹지 않으면 어머니들은 걱정을 하게 되고 당황하게 된다. 그러나 문제는 아기에게 있는 것이 아니라 어머니에게 있다는 것을 알아야 한다. 어머니가 불안해하면서 모유를 빨리 먹이고 끝내려는 생각을 하면 아기는 민감하게 반응해서 모유를 먹지 않는다.

그러므로 어머니의 느긋한 마음이 없으면 아기는 모유를 먹지 않게 되고, 젖도 잘 나오지 않게 된다. 어머니에게서 나오는 모유의 분비는 매우 섬세하여 사소한 심리적 동요에도 영향을 받는다.

예전에는 거의 70-80%의 어머니들이 모유로 아기를 키웠지만 요즘 어머니들은 약 20%가 모유로 아기를 키우고 있다.

뿐만 아니라 예전에는 이유식이 끝날 때까지 모유가 나오는 것이 보통이었지만 지금의 어머니는 2-3개월 만에 모유가 멈춰버리고 나오지 않는 경우가 많다. 요즘 사회와 문명이 고도로 발달하면서 분유생산이 늘어나므로 모유를 먹이는 어머니가 감소되고 있다.

스킨십을 해주는 어머니

자녀에게 어머니의 스킨십이 매우 필요하다는 것을 모든 어머니들이 알아야 한다. 모든 자녀는 아기로 태어나서 8개월까지 어머니를 통해 안정감의 욕구가 채워져야 한다. 특히 어머니와 자녀사이에 피부접촉이 이루어지면 정서적으로 안정감 있는 자녀로 성장한다.

어머니와의 유대 관계는 나중에 자라서 다른 사람들과 어떠한 대인관계를 맺는가를 결정짓는 중요한 기초가 된다.

따라서 어머니는 아기가 태어나서 8개월까지 피부접촉을 위해 안아주고, 만져주고, 두드려주고, 볼에 얼굴을 비비고, 을러주고, 보살펴주어야 한다.

가장 비참한 것은 자녀가 내적인 욕구를 어머니에게 아무리 알려도 그때마다 무시되거나 올바르게 포착되지 않아 방치되면 자녀는 정서적으로 불안해지고 잘못되는 경우가 많다.

이러한 자녀가 성장하면 사회에서 경쟁심이 지나치게 강해서 다른 사람을 이기기 위해 상대방의 트집을 잡거나 자신의 야심을 채우기 위해 다른 사람을 이용하는 사람이 된다.

그들은 진실로 다른 사람과 어울리지 못하여 대인관계에 있어서 따뜻한 정서적인 교류가 흐르지 않는다. 심한 무력감이나 우울증에 사로잡히고 자기 파괴적인 행동을 하게 된다.

아기로서 부모에게 아무리 신호를 보내어도 적절한 반응이 되돌아오지 않으면 이제는 부모에게 분노할 줄도 모르는 자녀가 되어 그것을 자신의 몸에 반응하여 심하면 비록 아기라도 자신의 머리를 아기 침대에 부딪치게 되는 경우가 있다.

그래서 아기가 태어나서 8개월까지 정서적인 욕구가 채워지지 않으면 자녀는 커가면서 자폐증의 아이가 되고, 정신 분열증이 찾아오며, 손을 빼는 아이로 성장하거나 인형이나 이불 같은 어떤 물건에 지나치게 집착하는 자녀로 자라는 것이다.

그러한 자녀는 내면이 불안해서 무력한 자녀가 되고, 우울해지고, 심한 자녀는 자기 파괴적인 아이가 되어서 자신을 학대하게 된다. 후에는 자기를 실현하지 못하고, 다른 사람에 의해서 움직이는 그런 사람이 되어 버린다.

아기는 특히 7개월이 되면 어머니에게 애착을 보이는 행동을 하는데 이때 아기는 어머니의 얼굴을 알아보고 미소를 지으며 반응을 보이기 시작한다. 그러나 이때 아기를 어머니에게서 떼어놓으면 아기는 항의를 하고 기분이 언짢아 울기 때문에 아기가 태어나서 8개월까지 어머니의 모성적인 사랑이 절대적으로 필요한 것이다.

미국의 산부인과 병원에서는 아기 중에 욕구가 덜 채워진 아기에게는 그 아기 침대 앞에「TLC」라는 글이 있는 진료카드를 달아놓는다. 그 표시는 '부드럽게 사랑으로 돌보아주세요'라는 말의 약자이기 때문에 간호사가 이러한 표시가 붙어 있는 아기를 보면 안아주고, 만져주고, 사랑을 표시해 주는 것이다.

식습관을 길러주는 어머니

음식물은 인간의 생존을 결정하는 매우 중요한 것으로 인간의 정신발달과 성격을 형성하는데 결정적인 원인을 제공한다.

유아는 목마름과 배고픔을 혼자서 충족시킬 수 없기 때문에 다른 사람의 도움이 필요하며, 만일 유아의 목마름과 위기를 적절하게 해결해 주지 못하면 긴장감이 생겨서 불쾌감과 불안감을 갖게 된다.

유아는 생후 6개월경에 치아가 생기는데, 이 시기에 이유식을 하는 것이 적절하다.

아기의 음식습관을 들이는 데는 어머니의 태도가 중요하며, 아기가 잘 먹으려 하지 않을 때 어머니가 걱정을 하고 음식 먹는 것을 강요하면 아기는 음식을 더욱 싫어하게 된다. 인체에 해로운 음식을 제외하고 태어날 때부터 싫어하는 음식은 없다는 것이 음식 선호도에 관한 연구에서 밝혀지고 있다. 음식에 대한 선호가 생기는 것은 경험을 통해서 후천적으로 획득되는 것이다.

아이들은 보통 좋아하는 음식만 많이 먹으려 하고 싫어하는 음식은 먹으려 하지 않는 것이 보통인데, 이렇게 되면 영양 섭취에 균형이 맞지 않아 건강에 해로울 뿐 아니라 활동이 현저하게 적어진다. 식사 때 나타나는 좋지 못한 습관을 미리 예방하는 것이 그것을 교정하는 것보다 쉽기 때문에 식사시간은 조용하고 즐거운 분위기를 만들어 주는 것이 필요하다.

식사 예절을 너무 지나치게 강조하는 것은 좋지 않다. 어머니의 지나친 관심이나 과잉보호는 금물이며, 특히 식사 때 잔소리를 하거나 화내는 일과 야단치는 것과 어린이에게 숟가락으로 떠 먹여 주는 것과 음식을 먹을 때 다른 맛있는 것과 장난감을 사준다고 보상을 강조하고 먹도록 하는 것은 모두 하지 말아야 한다.

왜냐하면 이러한 조건들이 그대로 행사되면 그 결과 어린이는 음식을 먹는 것보다는 보상을 얻고, 어머니의 주의를 끌고, 또 자기의 욕구 충족을 위해서만 음식을 먹으려 하기 때문이다. 이렇게 키워진 어린이는 기분이 나쁘거나 무엇을 해달라고 요구했을 때 어머니가 들어주지 않으면 밥을 안 먹겠다고 하는 행동이 나타날 수 있다.

식사습관을 성공적으로 들이기 위해서 규칙적인 식사시간을 정해 놓고 이것을 지키는 것이 중요하다. 간식을 줄이고, 처음부터 많이 주어서 남기게 하는 것보다는 다소 부족하다고 생각되는 양을 주고, 자녀가 더 먹고 싶을 때 달라고 하여 먹게 하고, 자녀에게 먹는 시간을 충분히 주고, 자녀가 먹지 않겠다고 식사를 거부할 때 억지로 권하거나 잔소리를 하지 말아야 한다. 자녀에게 먹는다는 것과 식사를 하는 것은 일상생활의 한 과정으로 규칙적이어야 한다는 것을 인식시켜야 한다.

배변 훈련을 도와주는 어머니

청결습관에서 빼놓을 수 없는 것이 바로 대소변을 가리는 일이다. 어떤 어머니는 대소변 가리기도 조기 교육을 해야 하는 것처럼 성급하게 시작한다. 어떤 어머니는 자기 자녀가 남보다 일찍 대소변을 가리는 것을 자랑스럽게 여기지만 이것은 크게 잘못된 생각이다. 왜냐하면 대소변 가리기는 신장과 근육의 발달 및 성장이 이루어져야 가능한 일이기 때문이다.

특히 대소변을 통제하는 괄약근이 성장하여야만 대소변 통제가 가능할 뿐 아니라, 어린이가 말귀를 알아들을 수 있어야 하기 때문이다. 더구나 대소변 가리기를 너무 일찍 엄격하게 훈련하면 성격 형성에 장애가 되는 경우도 있다. 아기 때는 직장과 방광이 꽉 차면 괄약근이 반사적으로 열려서 내용물이 배설된다. 이 과정은 유아기 초기에 반사적으로 이루어지는데 이것은 괄약근과 신경이 아직 성장하지 않았기 때문이다.

2세 후반에 괄약근도 발달되고 또 어린이가 의사 표현을 할 수 있기 때문에 대소변 가리기 훈련이 가능해 진다. 어머니가 세심한 관찰과 관심을 기울여서 적당한 시기에 대소변 가리기를 시키면 비교적 성공률이 높으며, 보통 3세 전후가 적절한 시기일 것이다. 배변 훈련은 자율성 발달에 영향을 주며, 무엇보다도 성격 형성에 중요한 요소가 된다.

어린이의 발달을 무시하고 어머니의 욕심대로 대소변 훈련을 엄격하게 시키면 오히려 역효과를 가져온다.

이러한 결과 어린이는 불안해져 대소변 가리기가 늦어질 수도 있다. 또한 어머니에 대한 적개심까지 갖게 되어 문제 행동으로 발전될 수도 있다. 아동 심리적 관점에서 보면 대소변 가리기 자체가 문제가 아니라 대소변 훈련에 대한 어머니의 태도가 문제가 될 수 있다.

청결습관을 길러주는 어머니

어릴 때부터 청결습관을 잘 길러주어야 독립적이고 건강한 생활 태도와 성격을 가질 수 있다. 손 씻기, 세수하기, 이 닦기 등을 자녀가 혼자서도 할 수 있도록 습관을 길러주어야 한다.

갓난아기를 목욕시키고, 옷과 기저귀를 갈아주는 것은 청결에 대한 어머니가 할 수 있는 최초의 책임이다. 아기를 깨끗하게 해주는 것은 좋으나 지나치게 청결을 강조하는 것은 좋지 않다.

너무 깨끗하고 청결을 강조하는 어머니 품에서 자라난 아이는 조금이라도 옷이 젖거나 더러운 것을 참을 수 없게 되며, 성격도 소극적이고, 짜증과 신경질을 잘 부리는 사람이 될 수 있다.

아기는 배꼽이 떨어진 후, 생후 2주일 이후에 전신 목욕을 시키고 그 전에는 부분적으로 부드러운 물수건을 사용하여 몸을 닦아주어야 한다. 이를 닦고, 손을 씻는 일은 식사 후에 하도록 습관을 들이는 것이 좋고, 음식을 혼자서 먹기 시작할 때부터는 식사 전후에 손을 꼭 씻도록 해야 한다. 어린이가 손을 씻고 세수할 때 어른들이 보기에 깔끔하게 씻지 못하는 것으로 보이더라도 어머니가 씻겨주는 것은 삼가야 한다.

그리고 어린이가 씻고 나면 잘 씻었다고 격려해 주어야 한다. 깔끔하게 씻지 않았더라도 그것이 건강을 해치지 않기 때문에 그렇게 중요한 것이 아니며 정말로 중요한 것은 혼자서도 그것을 해내는 것이다.

예를 들어, 자기 방을 청소하고, 책상을 정돈하고, 이불을 개기 등은 청결습관이 된 후에만 가능해진다. 모든 습관들이기가 그러하듯이 청결습관을 기르는 것도 갓난아기 때부터 시작해야 한다. 목욕시킬 때 부드러운 말을 해가면서 즐거운 기분을 갖게 해주면 아기는 목욕을 하는 것이 즐겁고 유쾌하다는 것을 경험하게 된다.

따라서 아기는 목욕하는 것을 기대하며 또 물장난을 재미있어 하고, 기꺼이 자주 하려고 할 것이다. 목욕이 끝난 후에는 새 옷을 갈아입히는 것도 목욕을 즐겁게 할 수 있는 계기가 될 수 있다. 더 나아가서 기분 좋은 것과 관련시켜 깨끗한 것을 좋아하는 성인이 될 수 있다.

물건을 아껴 쓰는 습관을 길러주는 어머니

물건을 아껴 쓰는 습관은 유치원에 다닐 때부터 길러 주어야 한다. 이 것을 위해서 자기 물건과 다른 사람의 물건을 구별하는 소유개념을 갖게 하는 것도 필요하다. 5세에는 다른 사람의 물건에 함부로 손을 대서는 안 된다는 것을 말해 주어야 한다. 이 시기에는 집단생활에 서서히 적응하기 위해서 규칙을 지키는 습관을 길러 주는 것이 필요하다.

이 시기에는 싸움을 하는데, 싸움의 대부분은 소유물 때문에 일어난다. 자기 요구와 상대 또래의 요구의 조정이 잘 안 되거나, 집단생활에서 규칙대로 하지 않고, 자기주장만 내세울 때도 싸움을 하게 된다.

문제가 생겼을 때, 아이들의 서로의 입장과 요구를 자세히 설명하여 이해시키고, 의견의 일치를 볼 수 있는 방법을 서로 의논하게 함으로써 양보하고 타협할 수 있는 사회적 태도와 습관을 가질 수 있도록 도와주어야 한다.

공부하는 습관을 길러주는 어머니

어머니가 자녀의 발달에 대한 일반적인 지식뿐 아니라, 특히 지능 발달에 대한 일반적인 지식을 가지고 있는 것이 중요하다.

자기 자녀에 관한 정확한 지식을 가지고 있을 경우에 자녀의 강점과 약점을 파악할 수 있어서 자녀의 강점은 더욱 격려하고 자녀의 약점은 보완할 수 있기 때문이다. 어머니가 자녀에게 공부하는 습관을 길러 주기 위해서 필요한 내용이 있다.

첫째로 어머니가 일상생활에서 언어를 사용하는 기회를 주는 것이 좋다. 예를 들어 그림책을 같이 보고 이야기하는 것이나 텔레비전 프로그램을 보고 이야기를 나누는 것이다. 자녀가 이야기를 할 때, 정확한 발음과 적합한 언어를 사용하도록 도와주어야 한다. 언어는 생각하는 기능의 상징이므로 정확한 표현과 발음은 생각하는 힘을 길러줄 수 있고, 모범적인 언어사용은 발음과 어휘력과 언어 표현 등을 모두 포함한다.

둘째로 어머니는 자녀에게 문화적인 학습의 기회를 제공해야 한다. 어린이에게 필요한 여러 가지 학습 도구와 장난감과 녹음기와 텔레비전과 그림책과 동화책 등 풍부한 자료를 제공하게 되면 자녀는 풍부한 경험을 할 수 있으며, 지적 호기심과 상상력을 발달시킬 수 있다.

셋째로 어머니는 자녀에게 즉각적인 보상을 해 주어야 한다. 자녀가 성취한 일에 대해서 어머니가 시간이 없다고 미루지 말고, 즉시 칭찬해 주는 것이 필요하며, 또 그것이 효과적이다.
"참 잘하는 구나, 우리 아들은 똑똑하네, 우리 아들은 열심히 하는 구나"

이렇게 칭찬하면 어린이는 긍정적인 자존감을 갖게 된다. 즉, 자신감이 생기고, 스스로 해 보려는 자율성이 발달하며, 더욱 지적인 성취를 하려고 노력하게 된다. 이러한 과정을 거쳐서 노력하고 공부하는 태도가 길러진다.

넷째로 부모가 평소에 책을 많이 보는 모습을 보여주어야 한다.
어린이는 부모의 모범을 통해서 책을 가까이 하고, 공부하려는 마음가짐을 가지게 된다. 따라서 부모의 모범적 행동도 자녀의 공부하는 습관 형성에 중요한 원인이다.

지적 호기심을 길러주는 어머니

자녀가 자기 주변에서 일어나는 일에 대해서, 여러 가지 흥미를 가지고 지켜보며, 왜 그러한 일들이 그렇게 일어나는 것일까를 이상하게 생각하여 흔히 부모에게 질문을 하는 경우가 많다. 그것은 어린이가 지적 호기심을 가지고 주위를 지켜보고 있다는 증거다.

이러한 상황에서 자녀가 질문에 대한 대답을 듣지 못하게 되면, 모처럼 돋아난 자녀의 지적 호기심은 싹이 잘리고 성장할 수 없게 된다.

따라서 어머니는 자녀의 여러 가지 질문에 대해 열심히 대답해 주는 것이 바람직하다. 이때 자녀는 자기가 모르고 있었던 일들을 알게 되는 일이 얼마나 재미있는 일인가를 실감하게 된다.

그러므로 어머니는 자녀가 모르던 일을 알게 되었을 때의 기쁨을 자녀의 마음속에 심어줄 수 있어야 한다.

　이것을 경험한 자녀는 앞으로 스스로 공부를 하게 될 것이다.

　부모가 시켜서 억지로 하는 공부를 통해 자녀는 결코 지식을 습득할 수 없다. 자녀가 스스로 의문을 가지고, 스스로 모든 일을 관찰하고, 그리고 그것을 해결해 보려는 의욕을 가짐으로써 비로소 그 지식이 자기의 것이 되는 것이다. 요즘 초등학교 자녀들이 부모로부터 가장 많이 듣는 말은 공부하라는 말이다. 사실 엄마들 중에는 입버릇처럼 공부하라는 말을 하는 부모들이 있다.

　그러나 공부라는 것은 공부하라는 말을 듣고, 책상 앞에 오래 앉아있다고 되는 것이 아니며, 또 이렇게 해서 흥미가 생기는 것도 아니다. 그러므로 자녀에게 자기 스스로 공부하려는 의욕이 생겨야 한다.

　참으로 중요한 것은 자녀의 마음속에 무엇인가를 알고 싶다는 지적 호기심을 불러일으켜 주는 일이다.

　자녀에게 능동적인 자세로 공부를 열심히 한번 해보려는 마음이 있어야 한다. 공부라는 것은 시킨다고 해서 되는 것이 아니기 때문에 공부하라고 말하는 대신, 공부하고 싶은 마음을 자녀의 마음속에 불러일으켜 주는 일이 더 중요하다.

무엇을 알게 되었을 때의 기쁨을 알게 된 자녀는 어머니가 공부하라고 귀찮게 말하지 않아도 스스로 공부를 하게 되는 것이다.

건강한 정신을 가지도록 도와주는 어머니

어머니는 가정을 밝고 즐거운 분위기가 되도록 만들어 모든 자녀들이 항상 화목하고 사랑과 감사하는 마음을 유지하도록 도와주어야 한다. 어머니는 자녀를 활발하고 즐거운 기분을 가지도록 양육하되 자녀가 활발하고 즐거워질 수 있는 기회를 주는 것이 중요하다.

갓난아기 무렵에는 높이 들어 올려 주기를 한다거나 유치원에 들어가면 목마를 태워주고, 심부름 등 활발한 놀이를 하도록 지도해야 한다. 초등학생이 되면 함께 운동을 하거나 아침 산보도 하고, 도중에 달리기도 하고, 풀꽃을 따기도 하며, 정서적으로 건강하게 성장하도록 지도해야 한다.

어머니는 자녀가 할 수 있는 일은 칭찬하고 격려해서 기쁜 마음으로 일하게 하는 것이 중요하다. 자녀가 자신이 할 능력이 있는데도 어머니가 그 일을 해주는 것은 자녀를 과보호하는 것이다. 자녀가 할 수 있는 것은 자녀 스스로 하도록 지도해야 한다. 간단한 일은 자녀가 하는 습관을 붙이도록 지도하며, 어떤 일은 자녀 자신이 책임지고 그것만은 꼭 자녀가 할 수 있도록 일을 맡길 수도 있다.

또한 어머니의 심부름을 하는 습관이 몸에 익히도록 자녀를 도와주어야 한다. 그리고 이때 중요한 것은 칭찬과 격려를 통해서 자녀가 하고 싶은 마음으로 그 일을 하도록 도와주는 것이다.

어머니는 자녀가 또랑또랑하고 분명하게 대답을 잘 하도록 지도해야 한다. 태어나서 3세까지 어머니와 자녀의 관계가 신뢰관계가 되도록 만들어야 한다.

좋은 습관을 길러주는 어머니

'세살 버릇 여든 간다.'는 속담처럼 세살 때부터 좋은 습관과 버릇을 들이는 것이 중요하다. 아이는 세살부터 소꿉놀이를 통해 어른의 흉내나 부모의 흉내를 내기 시작한다.

자녀의 부모의 흉내 내기는 인간의 기초를 다지는데 도움이 되는 것이다. 가족 전원이 밝게 인사하는 습관을 갖는 것이 인사를 잘하는 자녀로 만들 수 있다. 사실 표정이 밝고 방글방글 웃으며 인사를 잘하는 자녀는 누구에게나 호감을 줄 것이다. 그리하여 어른들은 인사를 잘하는 자녀를 좋은 자녀로 쉽게 평가하게 된다.

또한 어머니는 자녀가 어른들이 부르거나 무엇을 질문할 때 대답을 또박또박 하도록 지도하는 것이 중요하다.

최근 초등학생이 되고서도 대답을 못하는 아이가 있는데, 활기차게 '예'라고 대답할 때 다부짐도 몸에 익히게 된다.

어머니는 자녀에게 분별력을 가르치되 연령에 따라 분별력을 가르치는 방법은 다양하지만 소용없는 일과 좋지 않는 일은 엄중하게 '안 된다'라고 분명하게 가르치는 것이 중요하다.

'그런 일은 안 하는 아이가 엄마는 더 좋아요'
'요즘 너 참 착한 아이가 되었구나. 엄마는 너 때문에 마음이 참 기쁘다'

이와 같은 좋은 표현법을 궁리해 보는 것도 좋을 것이다. 어머니는 자녀를 꾸짖는 법과 칭찬하는 방법의 테크닉을 터득해야 한다. 꾸짖고 칭찬하는 것도 가정교육의 중요한 요소이기 때문에 꾸짖을 때는 되도록 작은 소리로 간단하게 꾸짖고, 칭찬할 때는 커다란 목소리로 마음껏 칭찬하는 것이 중요하다. 꾸짖는 것도 어디까지나 교육이므로 냉정하지 않으면 소용이 없다.

그러나 지나친 꾸중은 자녀에게 마음의 상처를 입히는 것으로 자녀의 적극성과 자주성을 잃어버리게 만든다.

그러나 반대로 나쁜 짓을 하더라도 꾸짖지 않는 것도 곤란하며, 적어도 안 되는 것은 안 된다고 하는 것을 7세까지 교육하지 않으면, 기본적인 선악을 분별하지 못하는 자녀가 될 것이다.

자녀는 적절한 행동의 통제가 필요하며, 과보호나 과잉통제는 금물이다. 어머니의 적절한 행동 조절에 의하여 자녀는 자기통제 능력을 개발하는데 이것이 이루어지지 않으면 버릇없는 자녀, 자기만 아는 자녀, 품행장애 아동이 되는 것이다.

놀이를 통해 가르치는 어머니

자녀는 충분한 놀이의 허용과 풍부한 생활 경험이 필요하다. 놀이는 아동이 즐기면서 배우는 방법이고 또한 자기 문제를 스스로 해결해 보는 방법으로 놀이를 잘하는 아동이야말로 건강한 아동이 된다. 놀이란 아이들에게 생활자체이며, 놀이를 통해서 여러 가지 일을 배우게 된다.

아동기야말로 다양한 생활경험과 활동을 통해 지적으로나 정서적으로 풍부해지는 시기이다. 아동은 장난감을 만진다든가 놀이를 한다든가 적극적으로 어떤 일들을 함으로써 배울 수 있다.

따라서 어머니가 주위 환경을 어떻게 만들어 주고, 장난감이나 놀이의 기회를 어느 정도 공급해 주며, 얼마만큼 같이 놀아 주고, 어머니와 자녀사이에 상호교류가 있느냐에 따라서 그 아동의 지능 발달이 촉진되거나 혹은 지체될 수 있다.

따라서 장난감은 자녀들이 놀이를 즐겁게 하도록 도와준다.

또한 장난감은 자녀의 사회성과 상상력과 자발성과 창조력의 성장을 도와주는 역할도 한다. 어머니의 태도 여하에 따라서 집안에서뿐만 아니라, 집밖에서 또래 아이들과 놀고 어떤 경험을 어느 정도 하게 되느냐가 결정되는데, 집에서만 한정된 생활을 하는 자녀들은 또래와의 사회성과 대인관계에 문제가 있을 뿐만 아니라 필요한 경험의 부족으로 문화를 올바르게 이해하지 못하는 자녀가 될 수도 있다.

건전한 친구를 사귀도록 지도하는 어머니

어머니는 자녀가 건전한 친구를 사귀도록 지도해야 한다. 요즘 자녀들은 텔레비전과 컴퓨터와 오락과 게임의 영향으로 혼자 노는데 익숙해져 있다. 반대로 집단에서 함께 어울려 노는 데는 별로 익숙하지 못하다. 중학생이나 고등학생이 되더라도 지기 힘으로 친구를 사귀지 못하는 자녀들이 있다.

그러므로 어머니는 자녀에게 좋은 친구를 사귈 수 있는 환경을 만들어 주어야 한다. 친구들과 어울려 함께 배우고, 함께 신나게 놀 때, 비로소 자기중심의 생각에서 벗어날 수 있기 때문에 인격형성에 많은 도움이 된다.

또한 친구들과 어울리는 가운데 자기 나름대로 재치 있게 몸을 움직이는 훈련도 할 수 있고, 남들 앞에서 주눅이 들거나 기가 죽지 않는 저항력도 생기게 되고, 집단생활에 필요한 규칙을 배우는 것도 모두 친구와 어울리는 가운데 자연스럽게 배우는 것이다.

어떤 여학생의 경우 부모가 이혼하여 다른 학교로 전학을 가게 된 계기로 초등학교 4학년 때부터 전혀 친구들과 놀지 않았다. 그녀는 친구 한 명 없이 고등학교 2학년 때까지 학교에 다니다가 결국 학교에 가기를 싫어하는 자녀가 되어버렸다. 그녀는 7세까지의 인간의 기초를 형성하는 시기에 친구들과 열심히 놀지 못했고, 어머니의 심부름도 제대로 한 사실이 없었다. 더구나 그녀가 어른스러웠기 때문에 어머니는 그녀에게 큰 관심을 가지지 않았고 대화도 없었다.

어릴 때 친구들과의 즐겁게 놀던 경험이 없으면 사회 환경에 적응하는 능력도 적어진다. 우리는 요즘 친구가 생기기 힘든 사회 환경에서 살고 있다. 그런 만큼 친한 친구를 만들기가 힘든 자녀일수록, 어머니가 노력해서 도와줄 필요가 있다.

따라서 현명한 어머니는 자녀의 친구관계를 파악하고, 좋은 친구를 사귀도록 후원하는 부모가 될 것이다. 좋은 친구가 없는 자녀는 올바르게 성장할 수 없다는 것을 기억해야 한다.

순기능 가정과 자녀의 축복

부모는 하나님의 축복이 흘러가는 축복의 통로가 되어야 한다.

부모로서 자녀를 축복하는 일은 하나님께서 부모에게 허락하신 특권이요, 거룩한 임무이기 때문이다. 자녀가 이미 성장했다 하더라도 자녀를 축복하기에는 결코 늦지 않았다는 사실을 바로 알고 지금부터 자녀를 축복해야 한다.

축복은 자녀가 하나님을 더욱 생생하게 느끼게 하며, 자녀의 인격을 성장시킨다. 자녀들이 축복을 받으면 자신이 부모에게 보호와 신뢰를 받고 있다는 느낌을 갖게 되고, 이 세상에서 무조건적으로 자신을 사랑하며 받아주는 부모가 있다는 것을 알게 되는 것이다.

부모의 축복의 말과 하나님께서 주시는 복을 누리며 살아가는 자녀들은 더없이 밝고 건강해진다. 부모가 자녀를 칭찬해 주어야 할 때 자녀를 칭찬하지 않고 축복하지 않는 것은 바로 부모가 죄를 범하는 것이다. 자녀가 식탁에 둘러앉았을 때, 이를 깨끗하게 닦았을 때, 숙제를 다 마쳤을 때 등 사소한 일상생활에서 자녀를 격려하고, 힘을 실어주고, 삶을 세워주는 축복의 말을 해야 한다.

사람들을 축복하는 것은 그 사람을 칭송하는 것이다. 일반적으로 사람들은 그 사람이 죽었을 때 그 사람을 칭송하며 제사까지 지내지만 그 사람이 죽고 나면 더 이상 우리의 칭송을 들을 수 없기 때문에 우리는 자녀가 살아있는 동안 바로 지금 그들을 축복해 주어야 한다.

지금 이 순간이야말로 축복의 말로 자녀들을 칭찬해 주어야 할 적절한 시기인 것이다. 너무 늦기 전에 지금 칭찬해 주어야 한다.

부모로서 자녀를 어떻게 축복해 줄 수 있을까?

사랑스런 눈길로 축복한다

부모는 사랑스런 눈길로 사랑을 표현하며 자녀를 축복해 줄 수 있다. 자녀에게 눈길을 많이 주면 부모의 풍부한 사랑이 자녀의 감정이라는 그릇에 채워진다. 소아과 병원에서 다음과 같은 연구가 있었다.

간호사들과 자원 봉사자들이 병실에 입원한 아이들을 대상으로 그 병실에 찾아가서 눈길을 많이 주고 보살핀 아이와 눈길을 적게 준 아이를 비교해 보니 눈길을 많이 주고 보살핀 아이가 병이 빨리 치료되고 신생아는 더 빨리 성장한 것이다.

교사의 경우도 눈길로 감정을 채워 준 아이들이 공부를 더 잘하는 것을 관찰에서 밝혀졌다.

그러므로 부모는 사랑스런 눈길로 자녀를 축복해 주어야 한다.

사랑스런 손길로 축복한다

부모는 사랑스런 손길인 피부접촉으로 사랑을 표현하며 자녀를 축복해 주어야 한다. 부모는 자녀를 의미 있게 만져주며, 자녀를 포옹하며, 자녀의 등을 두드려 주고, 자녀를 만져주고, 자녀를 안아주고, 자녀의 머리를 쓰다듬어 주고, 자녀에게 뽀뽀해 주고, 자녀의 볼에 비벼 주고, 자녀의 옆구리를 살짝 찔러 주고, 이와 같은 손길로 사랑해 주어야 한다.

이때 부모와 자녀 간에 정이 흐르고 사랑이 전달된다.

남자아이의 경우 씨름과 레슬링이나 밀치기와 끌어당기기와 팔씨름 등 이와 같은 방법으로 사내다운 접촉을 해주어야 한다.

포옹의 가장 좋은 방법은 부부가 중간에 아이를 안고 샌드위치 식으로 포옹해주는 것이다.

이러한 의미 있는 만짐을 통해서 부모의 사랑이 자녀에게 전달된다.

성경 말씀에도 의미 있게 만져주는 내용이 나온다.

"야곱이 그 아버지 이삭에게 가까이 가니 이삭이 만지며 이르되 음성은 야곱의 음성이나 손은 에서의 손이로다 하며, 라반이 아침에 일찍이 일어나 손자들과 딸들에게 입맞추며 그들에게 축복하고 떠나 고향으로 돌아갔더라, 그 어린 아이들을 안고 그들 위에 안수하시고 축복하시니라"(창 27:22, 31:55, 막 10:16)

어떤 부모는 자녀를 저주하며 만져주는 경우도 있다. 그것은 얼굴을 손으로 때리고, 머리를 손으로 때리는 것인데 이 때 자녀들은 마음에 상처를 받는다.

그러므로 찰스 스윈돌은 아버지에게 손으로 맞은 경험을 이렇게 이야기하고 있다.

"나는 무력을 행사하며 자녀를 키우는 집에서 자랐다. 내가 말하는 무력이란 지나친 매질을 의미한다. 우리 아버지가 사용하시던 채찍은 아버지의 팔 끝에서 점점 커졌다. 그것은 그의 손이었기 때문이다. 아버지는 교역 기술자이셨는데 매우 큰손을 가지고 계셨다.

나는 아버지에 대해 마음에 큰 두려움을 갖고 대하던 것을 기억한다.

나는 그 당시 아버지가 왜 그렇게 무서운지 그 이유를 잘 몰랐다.

그저 무섭기만 해서 아버지 곁에 가까이 갈 수가 없었다.

그런데 무엇보다 그 때 떠올랐던 한 가지 생각은
아버지가 부당하다는 것보다는 내 몸에 상처를 낸다는 생각이었다.
나는 어릴 때 부모님께 무척 불순종했다.
그래서 아버지는 자주 내 몸에 손을 대서 때리셨다.
그런데 나도 어른이 되어 자녀를 갖게 되자
자녀들에게 같은 손찌검을 하기 시작했다.
나의 행위는 자녀들로 두려움을 갖게 하였고
마침내는 나와의 사이에 틈까지 벌어지게 했다.
그렇게 되자 나는 성경에서 말씀하시는 바가 자녀들을
징계할 때 손으로 때리라고 하는 것이 아님을 알게 되었다.
성경은 항상 매라는 단어를 사용했다.

나는 아내와 함께 우리 몸의 일부분이 아닌 다른 어떤 것을 사용하는 것이 좋겠다고 생각했다. 그런데 우리는 자녀들을 매질할 때 얼굴만은 절대 때리지 않는다. 하나님께서는 얼굴 말고도 우리가 매질하기에 좋은 장소들을 얼마든지 주셨다. 매질도 손찌검도 결코 얼굴에다 해서는 안 된다.

또 만일 하나님께서 손을 사용하시기를 원하셨다면 그분께서는 틀림없이 손으로 치라고 말씀하셨을 것이다. 나는 많은 부모들이 자녀들을 손바닥으로 너무 심하게 때리는 것을 보았다.

그것은 교육이 아니라 잔인한 짓이다. 성경은 결코 그런 것을 매질이라고 말씀하지 않았다."

그러나 자녀를 사랑으로 포옹해 주는 것은 자녀를 기분 좋게 해주고, 자녀의 외로움을 없애준다. 또한 두려움을 이기게 해주고, 여러 가지 감정을 느낄 수 있도록 마음의 문을 열어준다. 포옹은 긴장을 풀어주고, 불면증을 없애주고, 팔과 어깨 근육을 튼튼하게 해준다.

그러므로 부모는 사랑스런 손길로 자녀를 축복해 주어야 한다.

사랑스런 입술로 축복한다

부모는 사랑스럽게 입으로 자녀를 직접 축복해 주어야 한다. 직접 말을 통해서 자녀를 축복해 줄 때, 그 축복의 말속에 힘이 들어 있다.

성경은 우리에게 축복의 말을 사용해야 할 이유를 소개한다.

"한 입에서 찬송과 저주가 나오는도다 내 형제들아 이것이 마땅하지 아니하니라, 그런즉 거짓을 버리고 각각 그 이웃과 더불어 참된 것을 말하라 이는 우리가 서로 지체가 됨이라, 무릇 더러운 말은 너희 입 밖에도 내지 말고 오직 덕을 세우는 데 소용되는 대로 선한 말을 하여 듣는 자들에게 은혜를 끼치게 하라"(약 3:10, 엡 4:25, 29)

따라서 부모는 자녀를 세워주는 축복의 말을 해야 한다.

말에는 세워주는 말과 넘어지게 하는 말이 있다.

긍정적인 말은 세워주고 부정적인 말은 넘어뜨린다.

어떤 부모는 자녀를 심하게 꾸중하는 말을 하고 나서
자녀에게 이렇게 질문했다.
"너는 지금 무엇을 느끼니?"
"예 아빠, 제가 태어나지 않았으면 좋을 뻔했다고 느껴져요"

그러므로 자녀를 세워주는 말은 칭찬과 격려의 말이다.
"너는 참 똑똑한 아이다. 너 그것을 알고 있었니?"
"아니요, 아빠가 말해주어서 알았어요."

부모는 자녀들의 고귀한 가치를 말로 표현하며 축복해 주어야 한다.
세상의 가치관은 외모만 평가하고 잘생기고 예쁜 것을 평가하지만 부모
에게 있어서 모든 자녀가 다 가치가 있는 자녀들이다.
이 세상의 모든 자녀들은 다 다르기 때문에 모든 자녀는 바로 개성의
가치를 소유하고 있다. 자녀가 고귀한 가치를 지닌 자녀임을 인정해 줄
때 그를 참으로 축복해 주는 것이다.
부모는 자녀의 특별한 미래를 그려주며 축복해 주어야 한다.
하나님은 항상 우리에게 미래를 주기 원하신다.
"여호와의 말씀이니라 너희를 향한 나의 생각을 내가 아나니 평안이
요 재앙이 아니니라 너희에게 미래와 희망을 주는 것이니라 너희가 내
게 부르짖으며 내게 와서 기도하면 내가 너희들의 기도를 들을 것이요"(
렘 29:11-12)

현대인의 성경은 이렇게 설명하고 있다.

"너희를 위한 나의 계획은 내가 알고 있다. 그것은 너희에게 재앙을 주려는 것이 아니라 번영을 주고 너희에게 미래와 희망을 주려는 계획이다. 그때에는 너희가 나에게 와서 부르짖고 기도할 것이며 나는 너희 기도를 들어줄 것이다."

소망은 우리의 삶에 강력한 힘을 제공하기 때문에 부모로서 자녀의 마음속에 좋은 미래를 그려줄 때 자녀는 자신의 미래를 믿고 도전할 것이다. 부정적인 예언은 종종 그대로 이루어지며, 자녀의 마음속에 큰 상처를 준다. 따라서 미래에 대한 저주를 버려야 한다.

"너는 항상 남을 도우며 살 것이다. 너는 꼭 훌륭한 사람이 될 것이다."

적극적으로 축복한다

부모는 자녀를 위하여 적극적으로 헌신하며 성실하게 축복해 주어야 한다. 부모가 자녀를 축복해 주기 위해서는 말만해서는 충분하지 않고 부모의 헌신이 필요하다. 자녀를 위해서 시간과 힘과 여러 가지 자원들을 공급해 주어야 한다.

불성실한 칭찬과 축복은 쉽게 그 정체가 드러나기 때문에 축복해 주는 자와 축복을 받는 자 모두에게 부정적인 결과를 남긴다.

그러나 성실한 칭찬과 축복은 우리가 할 수 있는 그 어떤 것보다 사랑하는 가족들과의 신뢰를 두텁게 쌓아준다.

부모는 자녀를 훈련하고 사랑의 징계도 할 수 있어야 한다.

"또 아들들에게 권하는 것 같이 너희에게 권면하신 말씀도 잊었도다 일렀으되 내 아들아 주의 징계하심을 경히 여기지 말며 그에게 꾸지람을 받을 때에 낙심하지 말라 주께서 그 사랑하시는 자를 징계하시고 그가 받아들이시는 아들마다 채찍질하심이라 하였으니"(히 12:5-6)

역기능 가정의 특징

가정이 순기능을 발휘하지 못하고 역기능을 발휘할 때 내면아이가 생겨난다. 어린이가 자라날 때 가정이 역기능을 했기 때문이다.

어린이가 역기능 가정(Dysfunctioal Family)에서 자라면 인간의 가장 기본적인 욕구가 충족되지 않는다. 부모로부터 정상적인 사랑과 보호를 받지 못하면 내면에 상처가 자리 잡게 되고, 그 상처가 치유되지 아니하면 또 다른 정서적인 장애가 생겨나며, 역기능 가정에서 자라난 모든 사람이 내면아이가 된다.

그러므로 내면아이를 이해하기 위해서 역기능 가정을 온전히 이해해야 한다.

가족 상담과 가족 치료를 전문으로 하는 심리학자들은 역기능 가정을 다음과 같이 설명한다.

"가정에서 습관적으로 술을 마시는 알코올 중독 부모가 있는 가정과 가정을 돌보지 않고 돈을 버는 일이나 직장에만 열중하는 일중독 부모가 있는 가정과 충동적으로 놀음을 하지 못하면 견디지 못하는 도박 중독 부모가 있는 가정과 외도를 하고 다른 살림을 차리고 자식을 돌보지 않는 부모가 있는 가정과 이혼을 했거나 재혼을 하여 편모, 편부, 계부, 계모가 있는 가정과 엄격하고 율법주의적인 신앙생활을 고수하는 부모가 있는 가정과 중풍이나 뇌성 마비 같은 중병을 앓는 환자의 부모가 있는 가정과 의처증이나 의부증세를 나타내는 부모가 있는 가정과 기본적인 식생활을 하기 어려울 정도로 가난해서 경제적인 능력이 없는 부모가 있는 가정이다."

결국 역기능 가정은 병적인 태도를 지닌 부모가 있다. 이러한 가정에서 자녀는 학대를 당하게 된다. 그러므로 가정에 자녀에게 좋은 영향을 미치는 훌륭한 부모가 있다면 결코 역기능 가정이 될 수 없다.

역기능 가정에는 다양한 문제가 있다

역기능 가정은 폐쇄적이고 문제를 부인하는 가정으로, 문제가 있다는 것을 시인하지 않으니 결코 문제를 해결할 수도 없으며, 역기능 가정의 가족들은 서로 거리감을 느끼고 친밀감이 없는 것이다.

역기능 가정은 속박된 가정으로 가족들이 편히 쉬거나 재미있게 놀거나 스스럼없이 즐길 수 없는 것이 문제이다. 가족 각자의 자주성과 독립성을 인정하지 않으며, 가족 각자의 역할이 분명하지 않아 부모가 자녀처럼 행동하고 자녀가 부모처럼 행동하는 것이 문제이다.

예를 들어 부모가 자녀에게 종노릇하는 경우도 있고, 한 개인이 지나치게 얽매어 자유가 구속됨으로 희생양이 되기도 하고, 각자의 프라이버시가 무시당하고, 서로에게 간섭이 심하며, 자녀에게는 학대와 폭력이 심하여 결국 개인의 필요가 충족되지 않고, 개인은 가족을 위해 희생을 당하는 것이다.

결국 가족들에게는 분노와 우울증이 생기며, 가족 상호간에 진정한 인격적인 접촉이 없고, 가족 상호간에 건강한 대화도 없으며, 대화를 해도 상대방을 염려해서 상대방의 입장에서 경청하는 일은 없는 것이다.

그러므로 부모는 대화를 하기보다는 설교나 잔소리나 꾸중을 한다. 그러므로 역기능 가정은 외부와 통하거나 교류하지 않는 가정으로서 따로 떨어져 분리된 가정이다. 이러한 역기능 가정의 구성원들은 가정에 대한 소속감이나 충성심이 없어 각자가 분리되어 독립적으로 살아가는 것이다.

역기능 가정에는 수치심이 있다

역기능 가정은 정서적으로 불안한 내면아이를 만들어 내기 때문에 가족 상호관계에서 수치심이 있다. 그러므로 수치심을 가지게 하는 가정환경이 문제다. 이러한 역기능 가정은 부끄러운 집안의 비밀을 안고 살아가지만 가정의 비밀을 숨기면 수치심은 더 커지는 것이다. 부모가 알코올 중독자나 성격 장애자가 되어 언어를 통해 자녀에게 상처를 줄 때 수치심이 생긴다.

역기능 가정에서 자란다는 것은 삶의 대부분을 수치심과 낮은 자존감을 가지고 살아가게 만든다. 그리하여 자신을 싫어할 뿐만 아니라 자신을 부끄러워하는데 수치심은 자존감이 높지 않기 때문에 생겨난다. 그들은 다른 사람과의 관계에서 더욱 불안을 느끼며, 결국 다른 사람에게 부정적으로 반응하는 말과 행동을 한다.

그들은 자신의 가정이 아무런 문제도 없다고 가장하고, 현실적이 아니거나 실현될 가망이 없는 것을 마음대로 상상하는 공상에 사로잡힌다.

찰스 휫트필드는 수치심을 이렇게 정리했다.

"수치심은 자신이 결점이 많고 나쁘고 불안전하고 부패되어 있고 형편이 없으며 부적합하거나 실패작이라는 인식을 하게 될 때 경험하게 되는 불편하고 고통스러운 감정이다. 죄책감은 무엇인가를 잘못했을 때 오는 감정인데 반하여 수치심은 우리 존재 자체가 무엇인가 잘못되었거나 나쁘다는 감정이 자라잡고 있다.

그러므로 죄책감은 교정과 용서의 길을 찾을 수 있으나 수치심을 해결하는 것은 그리 쉬운 일이 아니다. 올바른 인간관계 안에서도 건전한 수치심을 느끼기도 하고 표현하기도 하지만 잘못된 관계 안에서는 마치 수치심을 느끼지 않는 것처럼 꾸미고 아무에게도 그것을 이야기하려 하지 않는다.

사실 모든 사람은 나름대로 수치심을 가지고 있다.
수치심은 모든 사람에게 나타나는 인간의 특징이기 때문이다.
우리가 수치심에 정면으로 대처하고 해결하지 못한다면 그것은 점점 더 축적되고 점점 더 큰 짐이 되어서 결국 우리를 망치게 만든다.
수치심은 자기 자신은 결점이 많은 사람이며 부적합한 사람이라고 느끼게 만들뿐만 아니라 다른 사람들이 우리 내면의 결점까지도 훤히 꿰뚫어 볼 것이라고 생각하게 만든다.

수치심은 자신이 무가치하며 그 무가치는 개선될 수 없다고 느끼게 만든다. 우리가 수치심을 가지고 있을 때 마치 나 혼자만 그러한 감정을 갖고 있는 것처럼 생각하기 때문에 고립감과 외로움을 느낀다.

결국에는 자신의 수치심을 그냥 자신의 내면에 묻어 두고 그것이 밖으로 나타나지 않도록 막으며, 수치심이 없는 것처럼 행동하기 위해 다른 감정이나 행동들로 가장하기도 한다. 때때로 수치심은 분노, 원한, 격분, 비난, 경멸, 공격, 통제, 완벽주의, 무시하거나 위축됨, 포기, 실망, 충동적인 행동 등으로 가장된다.

우리의 수치심은 우리가 자라는 동안 듣게 된 부정적인 말들 때문에 생겨난다.

그러므로 수치심은 부정적으로 단정 짓는 언어나 신념이나 규범에서 오는 것으로 보인다. 우리는 그것들을 보모나 부모의 입장에 있었던 사람들이나 그리고 교사나 성직자 등 권위적인 위치에 있던 사람들로부터 듣게 된다.

아무튼 그러한 단정적인 말들은 기본적으로 우리에 대해 옳지 않고 좋지 않다고 표현하는 것이다.

그것은 우리의 감정과 욕구에 대해 용납할 만한 것이 못된다고 말하는 것이다. 우리는 반복해서 잘못된 단정적인 말들을 듣는다.

우리가 약한 위치에서 그런 말들을 자주 들을 때, 너무나도 믿고 의지하는 사람들이 한 말이기 때문에 우리는 그 말을 진실로 믿어 버리고 그러한 말들을 우리의 존재 속으로 통합시켜 버리거나 내면화시키는 것이다. 설상가상으로 그렇게 해서 생겨난 상처는 부정적인 규범들과 결합하여 우리의 고통을 나타내는 것조차 억압하고 금지하게 만든다.

그러나 사실은 고통의 표출은 건전하며 치유 능력이 있고 꼭 필요한 것이다. 수치심에 기반을 둔 가정은 대개 가족들이 비밀을 가지고 있다. 그 비밀이란 가정 안에 존재하는 폭력에서부터 성적 학대나 음주에서부터 투옥이나 실직이나 승급에서 누락되는 것들이다.

그러면 이러한 수치심에서 벗어나는 길은 무엇인가?

우리를 억압하고 얽어매는 수치심의 영향에서 벗어나는 길은 안전하고 우리를 지지해주는 사람들에게 우리 자신에 대하여 진심으로 이야기하는 것이다. 우리는 우리의 수치심을 스스로의 힘으로는 치료할 수 없다는 사실을 알아야 한다.

그러므로 다른 사람의 도움을 받아야 한다.

그들은 우리의 곤경과 고통을 확인하고 우리 자신을 있는 그대로 용납해 주어야 한다. 또한 우리는 다른 사람들의 이야기와 수치심을 경청함으로 그들의 치료를 도울 수도 있다.

이와 같이 상대방을 돕는 경청은 우리 자신에게도 유익이 된다.

그러한 나눔과 경청을 통해 우리는 피차 무조건적인 사랑의 원리를 적용하기 시작한다.

그러나 수치심의 치료를 방해하는 장애물도 있다.

우리가 수치심에 대한 치료를 시작하게 되면 우리는 곧 치료를 계속하지 못하도록 만드는 내적인 장애에 부딪치게 된다.

그러한 장애는 스스로에 대한 부정적인 태도, 우리가 치료를 위하여 대면하는 사람들 속에서 전에 우리를 수치스럽게 만들었던 사람들의 얼굴이나 다른 영상들이 떠오르는 것이다. 현재의 생활과 밀접한 관련이 있는 중요한 수치심의 문제들이다.

어느 순간에든 일단 우리가 부모 등 권위적인 사람에게 받은 상처가 떠오르면 즉시 분노의 감정에 휩싸일 수 있다.

그러한 분노는 곧 수치심으로 바뀌거나 감추어지게 된다. 우리는 또 다른 두려움이나 혼란된 감정을 느끼게 될 수도 있다.

그러한 감정들은 너무나도 강하게 우리를 압도하게 되고 우리는 두려워서 그러한 감정들을 모두 억제하고 무감각하게 만들어 버린다.

그러면 이러한 수치심을 어떻게 해결할 것인가?

우리는 먼저 우리에게 일어나는 수치심의 사슬에 대하여 알아야 수치심을 해결하는 방법도 배울 수 있다.

다음 단계는 그러한 일이 일어날 때 그것을 인식하는 것이다.

그 다음에는 한두 번 천천히 깊은 심호흡을 한다.

그렇게 함으로써 혼란, 무감각, 역기능적 태도를 갖는 대신 분명한 인식을 가지고 그 상황에서 주도권을 더 잘 행사할 수 있게 된다.

우리가 만일 우리를 지지해주는 사람들과 함께 있다면 그들과 감정을 솔직하게 나눌 수 있어야 한다. 또한 우리를 잘못 대하고 있는 사람을 떠날 수도 있다. 우리는 수치심에서 벗어날 수 있는 출구가 있다는 사실을 알아야 한다.

그러한 인식은 우리의 수치심을 치유하는 첫걸음이 된다.”

역기능 가정에는 스트레스가 있다

역기능 가정은 가족 구성원들이 심한 스트레스를 받는다.

인간은 누구나 스트레스를 경험할 수 있으며, 인간이 보통 경험할 수 있는 범주를 초월하는 스트레스는 극단적이고 정신적인 상처로 인해 질병을 초래하는 스트레스로서 외상 후 스트레스 장애가 있다.

그런데 역기능 가정에서 외상 후 스트레스 장애가 발생한다.

일반적인 스트레스는 스트레스를 일으키는 원인을 확인할 수 있지만 외상 후 스트레스 장애는 인간이 보통 경험할 수 있는 범주를 초월하는 스트레스를 말한다.

예를 들어 갑자기 공격을 당하거나 강간을 당하거나 다른 성적학대를 당하거나 심각한 신체의 부상이나 고문이나 투옥의 경험이나 홍수나 지진이나 전쟁 등이 그것이다.

그리고 정신적인 충격이 반복적으로 나타나면 악몽이나 공상에 빠지기도 하고, 종종 심장의 박동 수가 증가되고 고통이나 진땀을 흘리는 증세가 나타난다.

그리고 외상 후 스트레스 장애는 정서적으로 마비를 가져오기도 하며, 심한 불면증과 다중 인격자가 되는 경우도 있다.

역기능 가정에는 잘못된 부모교육이 있다

모든 내면아이 뒤에는 잘못된 부모와 잘못된 교육방식이 있다.

사실 모든 자녀에게는 먼저 올바른 부모가 있어야 한다.

자녀를 탓하기 전에 먼저 올바른 부모가 되어야 자녀교육은 이루어지기 때문에 자녀교육의 주체는 부모가 되어야 한다.

본질적으로 자녀교육의 가장 중요한 역할은 부모에게 있다.

자녀교육에는 부모의 역할이 전부라고 해도 과언이 아니다.

자녀의 부모가 어떠한가에 따라 자녀의 모습이 달라지기 때문이다. 부모가 자녀에게 미치는 영향력은 대단하기 때문에 부모는 자녀를 바로 세워주는 일에 전심전력해야 한다. 부모는 자녀를 다른 곳에 맡기려 하기보다 본인이 교육하겠다는 태도를 가져야 한다. 교회나 학교에 맡기려 하기보다는 부모가 끝까지 책임지겠다는 자세가 필요하다.

역기능 가정에는 권위적이고 지시적인 부모가 있다

권위적이고 지시적인 부모는 자녀의 의견을 무시하고 부모가 결정한 사항을 항상 일방적으로 지시한다. 자녀에게 필요한 장난감을 살 때도 많은 장난감 중에서 고르게 하기보다 부모가 일방적으로 정해서 사주는 것이다. 자녀가 원해도 엄마가 필요하지 않다고 판단되면 자녀의 취향은 전혀 고려되지 않는다.

이로 인해 자녀는 스트레스를 많이 받아 심리적으로 위축되어 커서도 오줌을 싼다거나 말을 더듬는 경우와 공격적 성향을 보이는 것이다. 이러한 자녀를 치료하려면 자녀가 자신이 원하는 대로 놀게 내버려두고 특히 모래상자놀이 등의 혼자 할 수 있는 놀이를 통해 자녀의 억압된 정서를 스스로 표출하도록 도와주어야 한다.

역기능 가정에는 학습위주의 부모가 있다

학습위주의 부모는 자녀를 똑똑한 자녀로 키우겠다고 결심하고, 자녀를 어려서부터 지나치게 학습을 강요하는 부모다. 특히 오늘날 조기교육의 붐으로 학습위주의 부모가 늘어나고 있다. 한 여자아이는 출생후 1개월부터 어머니가 책을 읽어주기 시작해서 앉기 시작하면서 글자카드와 그림카드를 가르쳤다. 덕분에 두 돌도 못되어 한글을 혼자서 익혀 주변으로부터 영재라는 소리까지 들었다.

하지만 그 자녀는 서서히 문제행동을 보이기 시작했다.

그 자녀는 대화할 때 자연스럽게 말하지 못하고, 책에서 읽은 문장을 그대로 옮기는 어색한 말투를 사용했다. 또 혼자 놀기, 혼자 책 읽기, 혼자 비디오 보기 등 혼자 하는 일에 집착했다.

이런 경우는 자녀가 까꿍 놀이 등 돌 이전에 아기가 가졌어야 할 경험을 놓쳐버렸기 때문에 생겨난 행동들이다.

따라서 그 자녀에게 로션 발라주기, 안고 자장가 불러주기 등의 놓쳐버린 경험을 늦더라도 새롭게 시작해 엄마와의 관계를 다시 형성하도록 도와주어야 한다.

이 과정에서 부모도 자녀를 데리고 노는 법을 배워야 한다.

역기능 가정에는 체벌이 심한 부모가 있다

드물지만 부모로부터 심한 체벌을 당한 자녀는 내성적인 자녀로 성장하며, 유치원에서도 혼자 놀고 자기주장을 못하는 등 위축된 행동을 보이는 자녀가 된다. 또 텔레비전에서 본 사고 장면에 집착하는 자녀가 되는 경우도 있다. 대개 자신이 학대를 당했던 부모가 자녀를 학대하고 폭력을 행사하는 경우가 많다.

그럴 경우 자녀는 물론 부모도 전문적인 상담기관의 도움을 받아야 한다. 이럴 경우 부모를 대신해서 다른 사람이 그런 자녀와 신뢰와 애정 관계를 확보해야 한다.

서울대학교 의과대학 홍강의 교수는 부모의 태도 중 아동의 발달에 건강하지 못한 영향을 미치는 몇 가지를 다음과 같이 소개했다.

역기능 가정에는 애정 결핍형의 부모가 있다

무관심이나 애정의 결핍으로 자녀를 대하는 부모가 있다.
부모가 아이를 방치하고, 무관심으로 대하는 것이다. 5세가 된 어떤 여자아이는 남동생이 태어나면서 가족의 무관심 속에 방치되었다.

집에서는 부모의 관심을 끌기 위해 유리창을 깨고, 남동생을 밟고 다니는 등 부정적인 행동을 했다. 유치원에 가서는 사랑을 받지 못해서 자신감을 잃어버리고 한마디도 하지 못하는 등 위축된 행동을 보였다.

그럴 경우 당연히 그 여자아이에게 관심을 가져주는 것이 필요하고 치료기관을 찾을 경우 이것만으로도 그 아이는 부모를 독차지했다는 느낌을 가질 수 있다.

또한 치료자와의 놀이를 통해서 애정을 배울 수 있다.

부모가 자녀에 대한 애정을 느끼지 못하고, 자녀의 양육에 무관심하거나 혹은 자신의 문제와 환경적인 이유로 자녀와 접촉하지 못해 결과적으로 양육의 태만 내지 소홀하게 대할 경우에는 자녀의 발달에 큰 문제를 일으킨다.

애정이 결핍된 자녀는 그것이 영아기 때에는 발달 전체가 중지되어 신체적인 발달뿐 아니라 지능적 발달까지도 저하되고, 또 감정적으로 감정의 분화가 없고, 경험이 부족하므로 격리된 원숭이가 보이는 것처럼 절망과 실의 속에 자기의 세계 안에서 살아가는 슬픈 존재가 된다.

서너 살 이후에 부모가 소홀히 할 경우에 그런 자녀는 만성적 우울증에 빠질 가능성이 높다. 시설과 인력이 부족한 보육원이나 수용소에서 자라난 아이들이 성격적으로 메마르고 우울하며 대인관계에서 문제를 일으키는 경우가 많다.

역기능 가정에는 자녀를 거부하는 부모가 있다

행복한 삶을 살기 위해 자녀에게 가장 필요한 것이 무엇일까?
그것은 부모의 사랑과 용납이다.

자녀의 마음속에 "나는 사랑 받고 있다. 나는 받아들여지고 있다."는 느낌이 있을 때 자녀는 행복을 경험하지만 이 세상에는 사랑이나 용납을 받지 못하고, 도리어 거부를 당하는 자녀들도 많다.

부모 중에는 단순히 아기를 보살피는 것을 소홀히 하거나 게을리 하는 것과는 달리 좀 더 적극적으로 자녀를 미워하거나 거부하고 자녀를 증오하는 경우도 있다. 그런 부모는 오히려 자녀가 태어나지 않기를 바라던 부모이다.

따라서 이런 부모로부터 거부를 당한 자녀는 부모로부터 환영을 받지 못하고, 신체적으로나 정신적으로 학대의 대상이 되기도 한다. 더구나 현대 사회에 있어서 성의 개방이나 이혼율의 증가와 자녀에 대한 자기희생의 마음이 없는 부모로 말미암아 원치 않는 자녀들의 수가 늘어나고, 동시에 부모의 성숙도는 오히려 낮아져서 원하지 않는 자녀가 태어났을 때 그 자녀를 받아들이지 않는 잘못된 부모들이 있다.

자녀를 거부하고 학대하는 부모는 일반적으로 성격이 불안정하고 미성숙한 경우가 많으며, 부모 자신도 자라나는 동안에 별로 애정을 느끼지 못했거나 그 자신이 부모로부터 버림받은 경우가 많다.

따라서 부모의 관계도 일반적으로 좋지 못하며, 대인관계에 있어서도 문제가 많은 부모이다. 이러한 어머니가 아기를 갖게 되면 자기 자신도 성숙하지 못한 상황에서 임신과 출생은 받아들일 수 없는 큰 부담으로 여겨 문제가 시작된다.

부모로부터 버림받거나 증오의 대상이 된 자녀들은 우선 자신감이 없고, 우울한 성격을 가질 뿐 아니라, 동시에 이러한 부모에 대한 증오심과 적개심이 자라서 부모와의 관계가 좋지 않으며, 대인관계에 있어서도 다른 사람을 불신하고 공격적인 태도를 취한다.

뿐만 아니라 부모로부터 학대받고 버림받은 자녀는 나중에 커서 결혼관계나 또 자녀를 가졌을 때 자녀와의 관계에 있어서 자기를 학대한 부모와 비슷한 행동을 보임으로써 같은 문제가 반복될 가능성이 많다. 또 집안에 심한 가정불화와 자녀에 대한 폭력 행사가 잦은 가정에서 자란 자녀일수록 나중에 커서 비행을 저지르고, 반사회적인 성격의 소유자로 발전할 가능성이 높다.

두 종류의 거부가 있다.

먼저 명백한 거부로 자신의 부모나 친구들에게 이런 말을 듣는다.

"너는 우리 가정에서 필요 없는 존재다."

"너 때문에 우리 가정은 편안한 날이 하루도 없으니 차라리 나가 살아라."

"너는 우리 친구가 될 수 없다"

이런 식으로 늘 친구들에게 따돌림 당하고, 거절당하고, 사랑받지 못하고, 용납되지 않는 것이 명백한 거부로 공공연하게 열려져 있는 거부이다.

그 다음에 은폐된 거부는 미묘하게 거부를 당하며, 잘 드러나지 않게 거절당하는 것이다. 사람들이 보기에는 아무런 이상이 없는 것처럼 보이지만 그러나 분명한 것은 부모나 친구들에게 사랑 받지 못하고, 용납을 받지 못하고 있는 것이다.

첫째로 거부당한 자녀는 정서적으로 불안해한다.

거부당한 자녀는 정서적으로 건강하지 못하여 자신이 무가치하다고 생각한다. 부모에게 자주 "너는 우리 가정에서 필요 없다. 가정에 피해만 끼치는 사람이니 차라리 나가 살아라."라는 말을 들었으니 자신도 자기 자신을 필요 없는 존재로 여겨 무가치한 존재로 여긴다.

거부당한 자녀는 자신이 이 세상에 태어나지 않았어야 한다는 자책감이 생겨나 자신을 학대한다. 그러한 자책감이 심하면 우울증으로 이어지고 심지어는 자살까지 선택한다.

거부당한 자녀는 열등감이 생기는데 자신이 사랑과 수용을 받지 못하고 자꾸 꾸중만 들었으니 열등감을 가지게 되는 것은 너무나 당연하다. 결국 그런 자녀는 늘 불행하고 가정이나 학교에서도 자신감이 없어 인생의 실패자로 살아간다.

거부당한 자녀는 자기감정을 솔직하게 표현하지 못하고 자신이 사랑받지 못했기 때문에 다른 사람을 사랑을 할 수도 없다.

거부당한 자녀는 "고맙습니다, 감사합니다, 놀랍습니다, 아름답습니다."와 같은 감정 표현을 제대로 할 수 없다.

사실 머리로 이리저리 따지며 인생을 살아가는 것은 피곤한 일이다. 그러므로 우리는 이제 가슴으로 모든 것을 느낄 줄 알고, 그 느낌을 솔직하게 표현할 수 있어야 한다.

거부당한 자녀는 우울증에 빠져 항상 우울하고 힘이 없고 외롭게 느껴진다. 거부당한 자녀가 성장해서 사람들을 사귀지 않고 집안에 갇혀서 외부 출입을 일절 하지 않아 정서적인 고립 상태에 빠진다.

그들은 감정이 메마르고, 느낄 줄 모르고, 사랑을 할 줄도 모른다.

거부당한 자녀는 객관성이 없고, 주관주의에 빠져 폭넓은 생각을 할 수 없다.

거부당한 자녀는 내향성의 사람이 되고, 완전주의, 완벽주의를 추구하며, 부정적 자아상이 형성되고, 무책임한 사람이 되어 늘 걱정과 근심과 의심과 두려움에 빠져 살아간다.

둘째로 거부당한 자녀는 잘못된 태도를 갖는다.
거부당한 자녀는 하나님에 대한 태도가 올바르지 않아 하나님의 권위를 거부하고 하나님의 말씀에 불순종한다.
거부당한 자녀는 하나님을 섬기지 않고 오히려 하나님께 대항한다. 하나님의 능력을 믿거나 신뢰하지 못하기 때문에 하나님께서 자신을 변화시킬 수 없다고 믿는다. 하나님을 폭군으로 생각하고 나쁘게 생각한다. 하나님이 괜히 선악과를 만들어 놓고 인간을 놀리고 있다고 생각한다. 하나님의 사랑을 받아 드리지 못하고 누군가를 사랑할 수도 없다.

부모가 자신을 거부한 것을 하나님께 책임 지우고 하나님을 거역한다. 실생활 가운데서 하나님과 참된 교제를 할 수 없다.
부모와 원만하게 교제를 잘 하는 사람이 영적인 부모인 하나님과도 교제를 잘할 수 있기 때문이다.
거부당한 자녀는 부모에 대한 태도가 올바르지 않아 부모에게 화를 내고 원한을 품는다.

그래서 자신에게 있는 모든 잘못된 것은 다 부모 때문이라고 생각하고, 가출해서 부모의 마음을 상하게 한다.

그리고 나중에 힘이 있을 때 부모에게 보복한다.

그들은 부모를 흉보고 비웃으며 부모와 대화를 회피한다.

부모의 권위에 반항하고 이중적 성격과 감정으로 대한다.

그래서 부모가 있을 때는 하는 척하고, 부모가 없을 때는 하지 않는다. 부모를 믿지 않으며 부모를 향하여 "당신이 나를 받아 주지 않았으니 나도 당신을 거부하겠소."라는 태도를 취한다.

거부당한 자녀는 다른 사람에 대한 태도가 올바르지 않다.

다른 사람의 사랑을 받을 줄도 모른다.

자신이 사랑을 받아 보지 못했으니 다른 사람이 자신을 사랑해도 그 사랑을 있는 그대로 받아들이지 못한다. 다른 사람을 용납하지 못하는 이유는 자신이 용납을 받아 보아야 다른 사람도 용납할 수 있기 때문이다. 그래서 다른 사람에게 자꾸 아첨하는데 자신이 진실한 사랑을 받아 보지 못했기 때문에 자꾸 다른 사람의 눈치를 보고 핑계를 대고 아부를 하며, 다른 사람의 비위를 맞추려고 노력한다.

그리고 자기를 받아준 사람을 만나면 그 사람에게 집착한다.

그 사람은 진짜 사랑하는 것이 아니라 그냥 받아 준 것인데 그것을 사랑으로 착각하며 그 사람에게만 집착하는 것이다.

거부당한 자녀는 자신이 성장하여 결혼을 해도 가족을 대하는 태도가 바르지 않다. 가족에게 사랑을 잘 표현하지 못하고 실천하지 못한다. 본인이 사랑을 받지 못했으니 가족들에게 사랑을 실천하지 못하는 것은 당연하다.

그래서 가족을 보살피지 않고 되는대로 내버려둔다.
무엇이든지 될 대로 되라는 식의 태도를 취한다.
가족에게 적개심을 가지고 자꾸 야단치고 질책한다.
자신이 어린 시절 야단을 많이 받았으니
성인이 되어서도 가족을 그렇게 대하는 것이다.

거부당한 자녀는 가족과 함께 시간을 보낼 줄 모르고,
가족과 함께 지내는 시간이 적다.
본인이 부모와 함께 사랑을 나누는 시간을
가져본 경험이 없기 때문이다.
가족들에게 공공연하게 거부의 말과 거부의 행동을 표현한다.
말로는 가족들을 수용하지만 감정으로는 거부한다.
가족들 앞에서 모든 결정권을 자신이 행사한다.
그리고 가정의 독재자가 되어서
"이렇게 해라, 저렇게 해라"하며 명령만 내리기 때문에
가족들과 의논하지 않는다.
가족이나 자녀를 이끌어 주는 시간도 없다.

자녀들과 함께 공부하지도 않고, 이끌어 주지도 않고, 대화를 하지도 않는다. 가족을 육체적으로 보살펴 주지도 않는다. 가족과의 대화를 거부하고 의사교환이 없다. 자기 가족보다는 다른 사람이나 다른 일에 몰두한다. 자녀의 권리와 인격을 무시하면서 자기가 받은 거부보다도 더 큰 거부로 자녀를 대한다.

역기능 가정에는 과잉보호하는 부모가 있다

자녀를 과잉보호하는 것은 자녀가 유아기를 넘어서 어느 정도 독립적인 행동을 할 수 있는 나이가 되었음에도 불구하고 지속적으로 자녀를 유아처럼 도와주고 감싸주고 보호해 주는 행동이다.

일반적으로 제약이나 조절 없이 자기가 원하는 대로 모든 행동을 하도록 그냥 받아주는 것이다. 자녀를 과잉보호 하게 되는 원인은 다양하지만 가장 큰 원인은 자녀 양육에 대한 오해 때문이다.

그들은 모든 자녀는 사랑해주어야 하며, 부모의 사랑은 허용과 들어주는 것이라고 생각하기 때문이다.

또한 자녀에게 특별한 의미를 부여하여 과잉보호를 하게 된다.

자녀가 외아들이거나 막내나 혹은 특히 걱정되는 질병이나 만성적인 문제점을 가지고 있는 자녀로서 부모가 어쩔 수 없이 중요하게 생각해야 되는 경우이다. 어떤 부모는 자신의 자녀에 대하여 숨은 적개심이 있는데 이에 대한 보상의 방법으로 자녀를 과잉보호 한다.

따라서 어떤 것이나 과하면 안 된다. 애정의 표현이나 자녀를 돌보아주는 것이나 자녀에게 가르침을 주는 것도 모두가 과하면 안 된다.

왜냐하면 아무리 좋은 것이라도 지나치면 역효과가 나타나기 때문이다. 과잉보호의 결과 그 아동은 필요한 자기억제와 자기충동의 조절을 배우지 못하고, 자기중심적인 사람이 됨으로써 다른 사람을 생각하지 않고, 자기행동을 억제하지 못하여 버릇없는 자녀나 더 나아가서 행동적인 문제를 가진 자녀가 되는 것이다.

이들은 자기행동에 경계선을 배우지 못하고, 다른 사람과의 마찰이 심하며, 또한 대인관계에 문제점이 있어 결과적으로 자신감이 결여되고, 부모와 공개적으로 가까운 관계가 지속됨으로써 효과적인 사회생활을 영위할 수 없게 된다. 또한 장난감이나 그림책이나 그 밖의 교육적인 자료가 너무 많으면 자녀에게 심리적 부담과 혼란을 안겨주어 오히려 적극적이고 의욕적인 자녀가 되지 못한다.

역기능 가정에는 과잉통제하는 부모가 있다

자녀를 과잉통제하는 부모는 자녀의 행동 하나 하나를 통제하고 부모가 원하는 방향으로만 자녀를 이끌어가려는 부모이다.

이러한 부모는 자녀의 양육에 대한 태도에서 부모의 절대적인 통제가 필요하다고 생각한다. 이상적인 자녀로 양육하려는 부모의 욕심에서 시작되어 과잉통제하는 부모가 될 수도 있다.

이러한 지나친 통제 속에서 자라난 자녀들은 우선 부모의 요구와 통제에 응하지 않을 수 없어 겉으로 보아 착한 아이로 인정을 받거나 말을 잘 듣는 자녀로서 행동하겠지만 점차 그들이 자기 자신의 행동과 생활에 흥미를 느끼지 못하고, 활기가 없으며, 어쩔 수 없이 부모의 통제를 따르게 된다. 동시에 이들의 마음에는 부모에 대한 분노와 적개심이 자라고 있는 경우가 많다.

과잉통제를 받은 자녀가 나이가 들면 비교적 간접적이고 수동적인 공격으로 자기의 분노를 나타내며, 청소년기에 이르러 직접적인 방법으로 부모에게 반항하고, 부모나 기타 권위자에게 억눌렸던 분노를 표출한다.

과잉통제를 하는 상당수의 부모는 그 자신이 완벽주의를 추구하는 강박적 성격의 소유자로서 자녀에게도 이를 요구하는 것이다. 그 부모 자신도 그렇지만 과잉통제 속에 자라난 자녀는 인생에 대한 즐거움과 여유를 갖지 못하고, 즐거움을 모르며, 우울하고 또 증오심을 갖는 경우가 많다.

역기능 가정에는 유혹적인 태도로 자녀를 대하는 부모가 있다

유혹적인 태도로 자녀를 대하는 부모들 중에는 알게 모르게 자녀를 자녀로서가 아니라 자기와 동등한 어른으로 취급하는 경우가 있다. 이것은 특히 이성의 자녀에게 이러한 태도를 취하고 가까워지는 경우에는 다분히 성적인 유혹의 요소가 짙어진다.

물론 외면적으로 명확한 성적관계는 아니지만 어머니가 아버지로부터 사랑받지 못하는 애정을 아들로부터 받으려 하고, 또 다분히 성적인 요소가 감추어져 있을 경우에 아들은 심한 부담감을 느끼게 된다.

반대로 아버지가 아내와의 관계에서 만족을 얻지 못하고 딸을 정도 이상으로 귀여워하며 성적인 요소가 가미되었을 때에는 그 딸은 상당한 심리적 부담을 느끼고, 어머니에 대하여 죄책감을 느끼게 되며, 이러한 요소들은 모든 사회에 있는 근친상간 금기에 위배되는 것으로서 자연히 죄책감이 따르게 된다.

이러한 부모의 태도는 그 자녀가 남녀관계에 있어서 불안과 죄책감을 갖게 하는 요소가 되어 실제로 상당수의 자녀가 어른이 된 후에 성과 관련된 문제를 경험하게 된다.

역기능 가정에는 미성숙한 부모가 있다

미성숙하고 아이 같은 부모는 자기 자신이 성숙하지 못하고, 어린 아이처럼 행동하며, 자녀와의 관계에서 부모의 역할을 제대로 하지 못하고, 마치 형제처럼 서로 싸우고 경쟁하여 부모로서의 책임을 제대로 이행하지 못하는 부모다.

이런 경우에 그 자녀가 오히려 부모 역할을 대신해야 함으로써 자녀는 필요한 애정과 적합한 행동의 통제를 받지 못하여 아동으로서의 즐거운 경험이나 자신의 의존 욕구를 충족 받지 못한다.

또한 행동의 기준을 배우지 못하여 사회성이 결여되고 다른 사람들과의 관계에서 문제가 생긴다. 미성숙한 부모는 자녀를 올바르게 양육할 수 없기 때문에 부모도 성숙한 인간이 되기 위해 끊임없이 노력해야 한다.

역기능 가정에는 늘 다투는 부모가 있다

부부가 늘 다투고 있어 부모의 사이가 나쁘고 자주 싸우면 이로 인해 다양한 정서적인 문제와 행동의 문제가 자녀에게 생겨난다.

우선 부부 사이가 나쁘면 어머니가 정서적으로 불안하여 불만이 가득하고 우울하게 살아간다. 이로 인해 자녀를 돌보지 못하게 되어 애정 결핍이나 방임이 일어날 수도 있다.

여기서 방임은 부모가 자녀에게 기본으로 제공되어야 하는 숙식, 의료, 교육을 제공하지 않고 방치하는 학대의 유형이다. 남편에 대한 불만이 자녀에게 향하여 죄 없이 자녀가 화풀이 대상이 되기도 하고, 부당하게 벌을 받는 경우도 있다.

그러므로 부모의 사이가 좋지 않은 가정에서 자라난 자녀는 남녀관계는 바람직하지 못하고, 나쁜 것으로 오해하고, 문제만 일으키며, 성에 대해서도 부정적인 가치관을 갖게 된다.

부부 싸움은 또한 직접적으로 자녀에게 불안과 공포를 초래하여 자녀는 의기소침하고 불안하여 공부에 집중하지도 못하고, 부모가 이혼하면 어쩌나 하는 걱정만 한다. 특히 4-6세 사이의 아동이 다투는 부모에게서 영향을 가장 심각하게 받는다.

한마디로 부모의 다툼으로 인해 가정이 해야 할 기능을 제대로 하지 못함으로 자녀의 성격 형성이 가장 큰 손상을 입는다.

역기능 가정에는 문제아를 만드는 부모가 있다

위생상태가 좋아지고 의학과 교육이 발달하는 오늘날에 왜 건강하지 못한 문제아들이 생겨날까? 문제아의 모든 원인은 부모에게 있다.

부모가 자녀를 어린 시절부터 몸도 마음도 튼튼하게 키우지 못했기 때문에 문제아가 생겨난다. 문명시대의 문제아들은 질병으로 건강하지 못한 자녀, 폭력을 자주 사용하는 자녀, 자살을 시도하는 자녀, 중증 천식에 걸려 있는 자녀, 의욕이 전혀 없는 자녀 등 다양하다.

그러나 이 모든 질병의 원인은 모두 같은데 있다.

부모의 잘못된 양육태도가 자녀의 심신형성과 인격형성에 나쁜 영향을 끼쳐 그 결과 자녀에게 질병이나 이상증세가 나타난 것이다.

자녀양육의 중심적 역할은 역시 어머니가 하기 때문에 이러한 문제는 모두 어머니가 문제의 원인이다. 그럼에도 불구하고 자녀에게 계속 늘어나는 질병과 비행과 자살 등에 대해 그 이유를 파악하지 못하는 경우가 많다.

그러나 이 세상에 이유 없는 질병이나 이상은 없다.

우리 자녀의 질병이나 이상은 이유가 없는 것이 아니라 그 이유를 모르고 있는 것이 문제다.

역기능 가정에는 사랑을 주지 않는 부모가 있다

자녀를 사랑하지 않는 어머니는 아기를 그다지 좋아하지 않고, 귀엽다고도 생각하지도 않는다. 그런 어머니는 자녀는 적은 편이 좋으며, 아기가 있다는 것이 그렇게 행복하다고 느끼지 않는다. 그런 어머니는 자녀의 양육 방법에 대해 불안해하며, 노력을 기울이는 태도를 취하지 않는다.

따라서 얌전한 아기가 좋으며, 편리한 양육 방법을 선택한다.

그런 어머니는 자녀의 양육보다는 밖에서 활동하는 편을 더 즐거워한다. 그런 어머니는 자녀에게 늘 잔소리하고 화가 나서 야단치는 경우가 많다. 자녀를 칭찬하거나 격려하는 일은 거의 없고, 아기가 어리지만 다른 사람에게 맡기더라도 걱정하지 않는다.

그런 어머니는 자신의 자녀를 생기 있고 즐겁게 해주는 일이 거의 없다. 아기가 태어나서 얌전한 경우에 그 아기를 달래주거나 상대해 줄 필요가 없다고 생각하고는 그냥 방치한다.

그러나 아기는 어머니가 상대해 주지 않으면
거의 자극을 받지 않고 자란다.
어머니가 아기를 나름대로 생기 있게 키우지 않으면
그 아기는 인간으로서 정상적인 성장과 발달을 할 수가 없다.

따라서 아기에게 말을 걸어주고, 얼러주고, 움직이게 하는 것이 참으로 중요하다. 아기를 높이 들어 올려 주고, 부모가 말을 태워주는 등 부모가 아기와 장난을 하는 것이 아기에게는 즐거운 자극이 되고, 생기가 있으며, 부모의 애정을 느끼게 하고, 마음과 육체가 건강한 자녀로 성장한다.

거의 어떤 자극도 없어 조용하게만 자란 자녀는 빠르면 생후 얼마 되지 않아 자율신경의 상태가 쉽게 나빠지고, 재채기나 콧물을 자주 흘리는 체질의 자녀가 된다. 이처럼 자율신경에 이상이 생겼기 때문에 걸리는 감기는 어머니가 원인을 제공해서 걸리는 문명적인 감기다.

이 문명적인 감기는 박테리아나 바이러스의 감염으로 생기는 감기와는 전혀 종류가 다르기 때문에 부모는 주의해야 한다. 자녀가 감기에 걸리면 꼭 약을 먹이는 어머니들이 많다. 그러나 약을 먹이기 전에 한번 자신의 자녀 양육방법이 어떠한가를 되돌아보아야 한다.

문명적인 감기와 감염성 감기를 구분해 보면 감염성 감기는 일 년에 고작 3-4회 걸리지만 문명적인 감기는 자율신경이 조화를 잃음으로써 생기는 체질의 감기로서 몇 번이고 반복된다.

그러한 감기는 심해지면 일 년 내내 감기에 걸려 있다.

계절로 보면 겨울이나 여름보다는 자율신경의 상태가 나빠지기 쉬운 봄이나 가을에 자주 발생한다. 또한 잠들 무렵이나 새벽에 발생하기 쉽고 나중에는 씻은 듯이 낫는다. 더구나 그것이 매일매일 반복되는 경우가 있다. 감염성 감기라면 밤에 상태가 나쁘면 낮에도 나쁜 것이 당연한데, 문명적인 감기는 그렇지 않고 밤에만 기침이 나고 낮 동안에는 전혀 나지 않는 경우가 많다. 더구나 어머니들이 목욕을 금지시키고, 조용히 있게 하며, 두꺼운 옷을 입혀서 더욱더 호흡기의 자율신경 상태가 나쁘게 만들어 문명적인 감기는 더욱 악화될 수 있다.

역기능 가정에는 부정적으로 말하는 부모가 있다

첫째로 자녀에게 명령과 지시적인 태도로 말하는 부모이다.

"잔소리하지 말고 내가 시키는 대로 해!"

이처럼 부모가 자녀에게 합당하지 않은 말을 한다. 부모가 자녀에게 자주 명령한다면 그것은 자녀의 의견이나 감정을 무시하고 부모의 주장만을 내세우는 것이다.

인간이 가지고 있는 자율성과 자주성 때문에 명령과 지시는 반발심과 적개심과 분노를 불러일으킬 수 있다. 또한 기회만 있으면 그 적개심이 보복하는 행위로 나타날 수 있다. 그런 자녀는 부모에게 말을 하지 않으려 하고 고집을 부리며 말대꾸를 한다.

둘째로 자녀에게 경고와 위협하는 태도로 말하는 부모이다.

"한번만 더 떠들면 그냥 두지 않을 테야!"

바람직한 대화란 피차 서로의 생각과 감정을 전달하여 상대방을 자유로이 받아들일 수 있어야 한다. 그러나 명령과 지시나 경고와 위협은 힘과 권위 있는 부모가 일방적으로 자기 자신의 감정과 필요에 따라 자녀가 순응하기를 기대하는 대화 방법이다. 자녀를 불신하고 무시하는 부모가 자주 사용하는 대화 방법이다.

위협하는 부모에게 순종하는 자녀는 마음속 깊이 적개심을 가지게 되는데 그 적개심을 숨기기 위해 부모 앞에서는 복종하고 돌아서서는 불평하는 이중적인 태도가 형성된다. 부모의 부당한 경고나 위협은 자녀의 육체를 일시적으로 사로잡을 수 있을 것이다.

우선은 자녀가 경고나 위협에 눌려 행동하지만 자녀들 마음속에 자라고 있는 반항심이나 적개심을 우리는 외면할 수 없다. 적개심이나 반항심을 품은 자녀는 마음을 굳게 닫고 대화를 기피하거나 아니면 형식적이고 피상적인 대화만을 유지할 것이다.

셋째로 자녀에게 훈계나 설교와 같이 당위성을 강조하는 태도로 말하는 부모이다. 이것은 선한 뜻에서 출발하지만 자녀에게 죄책감을 불러일으키고 자존심을 상하게 하여 마침내는 자주 자기를 비하하는 말과 행동을 하게 만든다.

넷째로 자녀에게 충고와 설득의 말만 하는 부모이다.
부모는 자녀의 문제를 파악하지 못하고 이해하지 못하였지만 성급하게 해답을 제시하고 충고와 설득하려는 경향이 있다.

부모는 자기 자신의 경험을 바탕으로 자녀의 문제를 대신 해결하려고 나서는 것이다. 하지만 부모는 자녀가 스스로 생각하고 궁리해서 자신의 문제는 자기 스스로 해결할 수 있다는 자신감과 능력을 키워주기 위하여 그들을 신뢰하고 그들이 자랄 수 있도록 기다려 주어야 한다. 부모의 성급한 충고나 설득은 자녀에 대한 부모의 불신을 내포하고 있어서 자녀는 자존심이 상하기 쉽다.

다섯째로 자녀에게 비난과 판단의 태도로 말하는 부모이다.

부모의 비난과 판단은 자녀를 위축시킨다. 부모가 자주 사용하는 비난과 판단은 자녀로 하여금 그들 스스로에게 잘못된 말을 하게 만든다.

"나는 바보야, 나는 무능해, 나는 희망이 없어, 나는 나쁜 사람이야"

따라서 자녀에게 긍정적인 변화를 가져오기는커녕 오히려 역효과를 가져온다. 그래서 자녀는 자신의 약점을 들추어 나무라는 사람 앞에서는 자신을 방어하기 위하여 구실과 변명을 찾거나 합리화하려 들고, 상대방의 결점을 찾아 반격하게 된다.

따라서 자녀를 심하게 다루는 부모는 자녀의 협조와 이해를 얻기는커녕 반항과 증오의 대상이 된다. 자녀를 고쳐주려고 말하지만 고치기는커녕 자녀는 화만 낼 수 있다. 그런 말을 들으면 자녀는 속으로 "자기는 다 잘하고 있나"하며 받아드리지 않는다. 시간을 지키지 않는 자녀에게 큰 소리로 고함을 치고, 다른 사람 앞에서 공개적으로 비난한다면, 그래도 자녀는 시간 약속을 지키지 못할 것이다.

그래서 하나님의 말씀은 우리에게 이렇게 말해주고 있다.

"그런즉 우리가 다시는 서로 비판하지 말고 도리어 부딪칠 것이나 거칠 것을 형제 앞에 두지 아니하도록 주의하라, 또 형제들아 너희를 권면하노니 게으른 자들을 권계하며 마음이 약한 자들을 격려하고 힘이 없는 자들을 붙들어 주며 모든 사람에게 오래 참으라"(롬 14:13, 살전 5:14)

여섯째, 자녀의 자존심을 건드리는 말을 하는 부모이다.

"그런 건 누구라도 할 수 있어 그렇게 특별한 일이 아니란 말이야."

"아름다움이 전부는 아니지만 넌 정말 못 생겼구나."

"넌 어떻게 그렇게 바보 같을 수 있니?"

"두 살짜리 어린애라도 너보다는 낫겠다."

이와 같은 자존심을 건드리는 말은 마음 밭에 미움의 씨앗을 뿌리는 것이다. 그러나 이와 같은 모욕적인 말은 자녀의 인격을 짓밟는 말이다.

역기능 가정에는 자녀를 화나게 하는 부모가 있다

첫째로 자녀를 화나게 하는 부모이다.

어떤 부모는 자녀를 노엽게 한다. 그러나 하나님께서는 성경을 통해 "또 아비들아 너희 자녀를 노엽게 하지 말고 오직 주의 교훈과 훈계로 양육하라"(엡 6:4)고 권고한다.

여기서 '노엽게 하지 말라'는 의미는 자녀를 화나게 하지 말라는 내용이다. 부모가 자녀를 비인격적으로 대할 때 자녀는 화를 낸다. 따라서 부모는 자녀의 마음을 상하게 하지 말아야 한다.

지혜자 솔로몬은 "사람의 심령은 그의 병을 능히 이기려니와 심령이 상하면 그것을 누가 일으키겠느냐"(잠 18:14)라고 충고한다.

심령이 상하면 그 누구도 세워줄 수 없기 때문이다.

둘째로 자녀를 비교하는 부모이다. 그러나 자녀를 비교하는 일은 자녀를 파괴시키는 일이다. 자녀를 서로 비교하는 일은 자녀교육에 바람직하지 못할 뿐만 아니라 불건전한 심리 상태를 유발시킨다.

셋째로 자녀의 약점을 놀리거나 비웃는 부모이다. 하지만 이것은 자녀의 약점을 고치는 것이 아니라 더 잘못되게 만든다. 어떤 심한 말더듬이였던 자녀는 자신이 말을 더듬을 때마다 부모가 흉내를 내고 놀렸기 때문에 말을 더듬는 것이 더 심해졌다.

넷째로 자녀에 대한 사랑을 거두는 부모이다. 자녀가 잘못했으면 그 자녀의 행위를 미워하더라도 자신의 자녀를 미워하고 사랑하지 못하는 것은 잘못된 태도다. 자녀가 무엇을 하든지 부모는 자녀를 사랑할 수 있어야 한다. "죄는 미워도 인간은 미워하지 말라"는 유명한 말이 있지 않은가?

역기능 가정에는 자녀교육에 실패하는 부모가 있다

첫째로 자녀에게 "아니요"라고 말하지 못하는 부모이다.
어떤 부모는 자녀를 사랑하기 때문에 자녀가 요구해 올 때 "안 된다"라고 말하지 못한다.

하지만 부모의 그러한 태도는 자녀를 사랑하는 것이 아니라 자녀를 더 잘못되게 만드는 것이다. 만약 자녀의 모든 요구를 다 들어준다면, 또한 자녀가 잘못했을 때에 그것을 책망하지 않는다면 그 자녀가 10년 후에 부모에게 어떤 반응을 보일지 미리 생각해 보아야 한다.

둘째로 자녀에게 성경 말씀을 강제로 먹이는 부모이다.

자녀에게 성경 말씀을 강제로 먹이는 부모는 다음과 같은 성경 말씀을 강조한다.

"마땅히 행할 길을 아이에게 가르치라 그리하면 늙어도 그것을 떠나지 아니하리라, 네 자녀에게 부지런히 가르치며 집에 앉았을 때에든지 길을 갈 때에든지 누워 있을 때에든지 일어날 때에든지 이 말씀을 강론할 것이며"(잠 22:6, 신 6:7)

부모는 이런 말씀 때문에 성경을 강제로 먹이려는 유혹을 받고 있다. 하지만 자녀에게 말씀을 가르치는 것은 수요와 공급의 균형이 이루어져야 한다.

자녀가 받아들일 준비가 되어 있지 않으면 아무리 많은 말씀을 주더라도 소용이 없다. 자녀에게 꼭 필요한 물이라도 물을 너무 많이 먹이면 자녀는 물속에 빠질 것이다. 그러므로 자녀에게 말씀을 강제로 먹이는 것보다 지혜로운 교훈을 사용해서 말씀을 가르쳐야 한다.

"또 아비들아 너희 자녀를 노엽게 하지 말고 오직 주의 교훈과 훈계로 양육하라"(엡 6:4)

이 말씀에서 강조하는 것처럼 주의 교훈과 훈계로 양육해야지 내 생각으로 교육해서는 안 된다. 이 말씀에서 '교훈'은 지혜롭게 가르치고, 점진적으로 가르치고, 사랑으로 가르치고, 영양분을 공급해 주라는 교훈이 들어 있다. 따라서 나이에 알맞게 자녀를 다루어야 한다. 아기로서 수저를 사용해야 할 때 삽을 사용하게 해서는 안 된다.

이제 신명기 6장 7절을 생각해 보자.

"네 자녀에게 부지런히 가르치며 집에 앉았을 때에든지 길을 갈 때에든지 누워 있을 때에든지 일어날 때에든지 이 말씀을 강론할 것이며"

이 말씀은 자녀에게 가르치되 가르칠 수 있는 기회를 포착하여 가르치라는 것이다. 또한 삶과 일상생활을 통하여 가르쳐야 한다.

셋째로 자녀에게서 세상의 모든 것은 무조건 격리시키는 부모이다.

부모는 자녀에게서 텔레비전이나 라디오나 세속적인 음악이나 술이나 담배나 폭력 등을 무조건 격리시키고 싶은 마음이 있겠지만 이러한 것들을 자녀에게서 무조건 격리시키면 나중에 반발심이 커져서 더 잘못될 가능성이 많다.

그러므로 자녀가 스스로 무엇이 옳은지 그른지 이해할 수 있는 능력을 심어 주어야 한다. 따라서 자녀에게 질문해 보아야 한다.

'왜 저렇게 행동하겠니? 너는 어떻게 생각하니?'

예수 그리스도께서는 우리를 위해 이렇게 기도하셨다.

"내가 비옵는 것은 그들을 세상에서 데려가시기를 위함이 아니요 다만 악에 빠지지 않게 보전하시기를 위함이니이다"(요 17:15)

그러므로 부모는 자녀를 악으로부터 지켜 줄 환경을 만들 수는 없다. 부모는 이 죄악 된 세상에서 자녀와 함께 살아야 하며, 그들이 악한 것을 분별하고, 악한 것을 거절하도록 가르쳐야 한다. 부모의 목표는 자녀를 위해 악이 없는 세상을 만드는 것이 아니라 악한 세상에서 선한 것을 위해 일어서도록 가르쳐야 한다. 그들이 스스로 지혜롭게 선택할 수 있도록 가르쳐야 한다.

넷째로 자녀를 징계로만 다스리는 부모이다.

"아이를 훈계하지 아니하려고 하지 말라 채찍으로 그를 때릴지라도 그가 죽지 아니하리라 네가 그를 채찍으로 때리면 그의 영혼을 스올에서 구원하리라"(잠 23:13-14)

어떤 부모는 잠언 23장 13-14절의 말씀을 믿고 훈계와 매를 너무 많이 사용하지만 징계를 하더라도 사랑가운데서, 사랑의 동기로 징계를 사용해야 하며, 매는 최후 수단으로 사용해야 한다. 매를 많이 사용하면 자녀에게 두려움과 부끄러움과 마음에 상처를 줄 수 있기 때문이다. 따라서 부모는 자녀를 학대해서는 안 된다.

그러므로 징계만을 강조할 것이 아니라 심고 거둠의 법칙인 자연스러운 결과를 사용하여 가르쳐야 한다. 그러므로 부모는 자녀가 단지 순종하는 자녀보다는 지혜롭게 대처하는 자녀로 키워야 한다. 하나님의 말씀은 많은 자연의 법칙을 보여주고 있다.

"스스로 속이지 말라 하나님은 업신여김을 받지 아니하시나니 사람이 무엇으로 심든지 그대로 거두리라 자기의 육체를 위하여 심는 자는 육체로부터 썩어질 것을 거두고 성령을 위하여 심는 자는 성령으로부터 영생을 거두리라, 내 아들아 지혜를 얻고 내 마음을 기쁘게 하라 그리하면 나를 비방하는 자에게 내가 대답할 수 있으리라"(갈 6:7-8, 잠 27:11)

누가복음 15장 1절부터 32절에 등장하는 탕자의 비유에서 지혜로운 아버지는 자녀가 스스로 배우도록 인도했다. 좋은 아버지로서 집나간 탕자가 잘못을 깨닫고 스스로 돌아올 것을 믿었다. 돌아올 것을 믿었기 때문에 집 앞에서 늘 언제나 기다리고 있었던 것이다.

다섯째로 자녀의 의견을 경청하지 않는 부모이다.

어떤 부모는 자녀가 모든 것을 스스로 할 수 있도록 지도하지 않는다. 하지만 자녀가 앞장서서 모든 것을 스스로 할 수 있을 때 자신의 장래의 앞길을 열어갈 수 있는 것이다.

그러므로 자녀가 공부를 잘하고, 말을 잘 듣는 것이 가장 모범적인 자녀라고 생각해 왔다. 학교에 가면 교사가 시키는 대로 하고, 집에 오면 부모가 시키는 대로 하면 된다는 식이었다. 그저 부모를 잘 따르면 된다는 식이었다. 거의 모든 사람이 인정해 왔던 내용이지만 요즘 사회는 변하고 있다.

중앙대 청소년학과 최윤진 교수는 전에는 말을 잘 듣는 인간형이 이상적이었지만 지금은 다르며, 기존의 것들을 뛰어넘을 수 있는 진취성이 필요하다고 말한다.

미래사회에선 시키는 대로 하는 사람이 아니라 그것을 뛰어넘어 창의적인 아이디어를 내놓는 사람이 주역이 될 것이다. 최윤진 교수는 미래사회의 주역이 될 인재들을 키워내기 위해서라도 자녀에게 강요하지 말고, 그들의 의견을 인정해 주는 풍토가 우선적으로 조성되어야 한다고 강조하고 있다.

완벽주의 성향을 가진 내면아이

이제 5장부터 13장까지 소개되는 여러 형태의 내면아이는 휴 미실다
인이 "몸에 밴 어린시절"에서 소개한 9가지 스타일의 내면아이에 근거
를 둔다.

휴 미실다인은 자신의 책에서 9가지 스타일의 내면아이를 완벽주의,
강압, 유약, 방임, 심기증, 응징, 방치, 거부, 성적 자극으로 소개하였다.

본인은 그 9가지 스타일을 다르게 표현하여 완벽주의 성향을 가진 내면아이, 우유부단하게 행동하는 내면아이, 요구만 하는 충동적인 내면아이, 의욕이나 활력이 없어 소극적인 내면아이, 아픔, 통증, 질병 때문에 튼튼하지 못하고 약한 내면아이, 보복하려는 증오심으로 가득 찬 내면아이, 친밀한 인간관계를 맺지 못하는 내면아이, 자신을 거부하는 내면아이, 성에 대한 잘못된 감정을 가지고 있는 내면아이로 분류하여 소개할것이다.

따라서 여기에 소개된 여러 내면아이들에 관한 모든 아이디어는 휴미실다인이 제공한 것이다.

이제 완벽주의 성향을 가진 내면아이에 대해 살펴보자.

완벽주의 부모 밑에서 자라난 내면아이는 성공 지향적인 사람이 되어 물질적 성공과 지적인 성공과 사회적 성공을 위해 생활 가운데 모든 것을 더 잘하려고 노력하는 내면아이가 된다.

그들은 모든 것을 완벽하게 처리하여 성공하려고 엄청난 노력을 하고 있는 것이다.

그들은 주변의 모든 것들을 완벽하게 하려고 노력한다. 자신은 물론 다른 사람들에게도 성취할 수 없는 기준을 제시하며, 본인이 모든 것을 완벽하게 해내야만 직성이 풀리는 사람이다.

여기서 직성이란 어떤 것이 자신이 원하는 대로 성취되어 흡족하게 여기는 것을 말한다. 그들이 이렇게까지 완벽을 추구하는 것은 자신의 부모가 늘 완벽을 요구했기 때문이다. 그 결과 그들은 모든 것을 성공하기 위하여 철저하게 노력함으로 사회에서는 상당한 성공을 거둘 수도 있겠지만 그들은 자기 자신의 성공에 대하여 만족하지 못한다.

그들은 아직도 부족하다고 생각하고 더 잘해야 된다는 감정에 사로잡혀 있다. 결국 모든 일에 만족하지 못하고 자기 자신에 대해서도 만족하지 못한다. 이것은 어릴 때에 자신이 노력하여 조금이나마 성공을 거두었지만 부모가 더 잘하라고 요구하며 인정을 해주지 않았기 때문이다.

그래서 이들은 성공하였으나 또한 실패한 사람들이다.
다른 사람이 바라볼 때는 성공한 것처럼 보이지만 자신은 성공하지 못하고 아직도 부족하다고 느끼고 있기 때문이다. 그들은 분명히 외적으로는 성공하였음에도 불구하고 내적으로는 항상 성공하지 못했다고 느끼고 있는 것이다.

완벽주의자들은 자기 몸을 돌보지 않기 때문에 자기 자신을 학대하고, 가족들을 괴롭히며, 인간관계를 파괴한다. 그들은 상대방이 자신의 기준에 미치지 못하면 분노하기 때문에 완벽주의자와 함께 살아가는 것은 대단히 힘든 일이다.

완벽주의란?

데이빗 스툽은 완벽주의에 대해 설명했는데 그것을 요약하고 보충하여 소개하면 다음과 같다.

완벽이라는 단어의 뜻은 '흠이 없고 결함이 없으며, 지극히 높은 기준과 최고의 표준'이라는 뜻이다. 그렇다면 인간이 어찌 이러한 기준에 도달할 수 있을까? 아무런 잘못도 없고 전혀 실수를 하지 않는 인간은 이 세상에 존재하지 않기 때문이다.

그러므로 완벽이란 불가능하기 때문에 절망에 이르게 하는 기준이다. 결국 인간의 마음을 병들게 하는 가장 잘못된 태도가 완벽주의다. 왜냐하면 인간에게 완벽이란 존재할 수 없기 때문이다.

대개 완벽주의자들은 어떤 일을 이렇게 해야만 한다는 강박관념에 사로잡힌다. 내면에서 마땅히 완벽하게 해내야 한다고 명령을 내리는 것이다. 완벽주의는 완벽을 이루려는 욕구와 그에 따른 좌절감이 반복되어 악순환이 지속될 수 있다.

완벽의 문과 보통의 문

데이비드 번스는 완벽의 문과 보통의 문에 대해 이렇게 말했다.

"자기 인식의 문이 두 개 있다고 가정해 보자. 하나는 완벽이고 다른 하나는 보통이다. 완벽이라는 문은 화려하게 장식되어 있으나 파괴적인 문이다. 그 문은 보기에는 매혹적이어서 누구나 그 문을 통과하고 싶어 하겠지만 보통이라는 문은 단조롭고 평범해 보인다.

그러니 그 문으로 들어가기를 바라는 사람이 적을 것이다. 그래서 완벽이라는 문을 통과하려고 애를 쓰지만 매 번 그 맞은편에 버티고 있는 높은 담이 가로막고 있다. 그 담을 뚫고 지나가려고 노력하지만 고통과 비참함을 경험할 것이다. 반대로 보통의 문 맞은편에는 신비로운 정원이 있다. 그러나 완벽주의자들은 보통의 문을 열고 들여다 볼 생각조차도 하지 않는다."

그러므로 완벽의 문은 우리에게 불안과 자기비하와 낙담을 초래하게 하며, 아울러 삶의 외적 요소에 집착하게 만든다. 완벽의 문으로 들어가고자 하는 사람들은 실현 불가능한 꿈과 목표에 도달하게 되고, 결국 조건적인 사랑과 인생만을 경험할 것이다.

그들은 대부분 신경과민에다가 자기 비판적이고, 다른 사람들까지 낙담시키며 인간관계를 파괴할 것이다. 그들은 다른 사람들과 친밀한 인간관계를 가지고 싶지만 어떤 관계도 오래 지속되지 못하여 소외감 맛보는 경우가 많다.

완벽주의자들은 이것 아니면 저것이라는 이분법적 사고방식에 시달린다. 그들은 모든 것을 양극단으로 나누어 이쪽이 아니면 반대쪽이라는 방식으로 생각하게 만든다. 그들은 완벽하게 성공하거나, 탁월하거나, 지적이거나, 유능하지 않다면 실패한 인생이라고 생각한다.

그러므로 완벽주의로 살아가는 사람들은 단 한 사람이라도 행복하게 살아갈 수 없다.

이제 어느 불행한 완벽주의자인 한 여성의 고백에 귀 기울여보자.

"나에게 완벽주의 증세가 나타나면 나는 정말 고통스럽다. 때로는 내 완벽주의 기질이 일을 더 잘하도록 자극을 준다는 생각도 들지만, 대체로 나를 꼼짝 못하게 만든다. 나는 실패가 두려워서 온몸이 마비될 지경이다. 그래서 이제까지 해본 적이 없는 일들, 특히 제가 조절할 수 없다고 생각되는 것들은 기피해 버린다. 어떤 때 나는 마치 빠져나갈 수 없는 새장에 갇힌 것 같은 느낌이 든다.

마음을 좀 느긋하게 먹고 모든 일을 완벽하게 해야겠다는 걱정을 하지 않으려고 생각은 하는데, 내 속의 무언가가 그렇게 내버려두지를 않는다. 물론 그런 일은 절대 없겠지만, 그래도 내 안에서는 내가 만일 내 기준을 낮춘다면 온 세상이 엉망진창이 될 것만 같다. 정말이지 나도 찬장에 진열된 통조림들이 모두 한 면을 향해서 정리되어 있는지, 그 위치에 대해서까지 신경을 쓰고 싶지 않다.

하지만 누군가가 그것들을 이리저리 옮겨 놓으면 정말 짜증이 난다. 나 자신도 이런 내가 바보 같다고 생각되지만, 어쩔 수가 없다. 모든 일에 완벽해야 한다는 생각 때문에 오히려 내가 잘할 수 있는 일에도 집중할 수가 없다. 완벽주의 때문에 나도 보통 사람들처럼 약점이 있고, 다른 사람의 도움을 필요로 한다는 사실을 인정하기가 어렵다. 그래서 아무래도 정상적인 성장을 하지 못하는 것 같다.”

결국 이 여성은 다른 많은 완벽주의자들처럼 다른 사람들에게 뿐만 아니라, 특히 자기 자신에 대해서 지나친 기대를 가지고 있었던 것이다. 이 여성은 자신과 세상, 그리고 자기 주변의 모든 사람들에게 도달할 수 없는 기준을 정해 놓고서 그 기준에 미치지 못하면 아주 부정적으로 반응하였다.

결국 그것 때문에 그녀의 자존감이 손상되었고, 정서적으로 성장할 수 없었으며, 새로운 일을 경험할 수도 없었다. 게다가 종종 다른 사람들로부터 소외를 당하기까지 했다.

(완벽주의 성향을 가진 내면아이의 치유)

그러면 어떻게 하면 이러한 완벽주의를 치유할 수 있을까? 완벽주의를 치유하려면 자신이 완벽한 사람이 아니라 평범한 보통의 사람이 되기로 결정해야 한다. 보통의 수준을 다른 사람들과 비교하지 말고 개인적인 관점에서 생각하는 태도를 가져야 한다. 이것은 자신의 실적을 다른 사람들의 실적과 비교하기보다 자신이 기대했던 수준과 비교하는 것이다. 하나님께서 주신 자신의 능력과 비교하는 것이다.

그러므로 다른 사람과 비교할 이유가 전혀 없다. 보통이라는 수준을 긍정적인 의미로 이해할 때 완벽주의의 치유가 보일 것이다.

탁월함을 추구하므로 경험하는 치유

우리는 모든 것에 완벽해지기보다는 탁월함을 추구하므로 치유를 경험할 수 있다. 진정한 탁월함을 추구하는 사람들은 자신과 부하 직원들 모두가 공감하는 목표를 세우고, 합리적인 성취를 추구함으로써 자신의 목표와 조화를 이루는 삶을 살아갈 수 있다. 탁월함을 추구하는 사람들은 자신을 바람직하지 않은 생각으로 괴롭히지 않으며, 다른 사람들을 몰아세우는 일도 없다.

완벽주의와 탁월함을 비교해보면 탁월함은 자신을 도와주지만 완벽주의는 자신을 망하게 한다. 탁월함은 자신의 한계 안에서 진실하게 노력하고 최선을 다하지만 완벽주의는 잘못된 목표를 향하여 헛수고하는 것이다. 탁월함은 실제적이지만 완벽주의는 불가능한 것을 해야만 한다고 고집을 부리는 것이다.

탁월함은 가능성을 받아들이고 열심히 노력하지만 완벽주의는 완벽을 향해 발버둥을 칠 뿐 불가능한 노력을 하고 있는 것이다. 탁월함은 자기 자신에게 '나는 무엇을 원한다. 이렇게 되었으면 좋겠다.'라고 분명하게 말하지만 완벽주의는 자신에게 '나는 무엇을 해야만 한다. 무엇을 할 필요가 있다.'라고 말한다.

탁월함은 동기가 순수하기 때문에 긍정적으로 노력하지만 완벽주의는 실패에 대한 두려움 때문에 최선을 다할 수가 없다. 탁월함은 초점이 과정에 있지만 완벽주의는 오직 결과에 초점을 맞춘다. 탁월함은 참된 여유와 자유가 있지만 완벽주의는 감옥에 갇혀있는 노예가 된다.

탁월함은 자신의 능력 안에서 최선을 다하지만 완벽주의는 다른 사람과 비교한다. 그러므로 탁월함의 결과는 곧 성공이며, 다른 사람들을 용납하고, 함께 목표를 성취하지만 완벽주의의 결과는 절망과 비난과 좌절과 실패가 있을 뿐이다. 탁월함은 현실의 세계에서 생활하지만 완벽주의는 비현실적인 세계와 환상의 세계에서 생활한다.

그러므로 완벽주의 치유를 위해 우리에게 가장 중요한 것은 이러한 완벽주의는 바로 부모가 물려준 것이므로 자기 부모의 태도를 답습할 필요가 없다는 사실을 깨달아야 한다. 당신 부모의 태도를 고수할 것이 아니라 당신 자신의 방식대로 당신 자신의 기준에 따라서 자신을 대하여야 한다.

자백으로 맺어지는 하나님과의 관계로 치유

이 세상에서 예수 그리스도 외에 완전한 사람은 아무도 없다. 당신도 예외일 수는 없기 때문에 당신도 그 사실을 인정해야 한다. 당신이 생활 속에서 하나님의 사랑을 체험하는 것은 행위가 완벽하기 때문이 아니다. 당신은 하나님께 아무 것도 증명할 필요가 없다. 하나님께서는 있는 그대로의 당신을 용납하시기 때문이다. 하나님과 당신의 관계는 결코 완벽으로 맺어지는 것이 아니라 자백으로 맺어지는 관계이다.

누가복음 15장 11절부터 32절에 나오는 '탕자의 비유'에서 하나님 아버지의 마음을 읽을 수 있어야 한다. 탕자인 둘째 아들은 그의 화려했던 꿈과 허황된 자신의 모습을 버리고, 환상에서 깨어나 아버지의 집에서 종노릇이라도 하겠다는 자세로 돌아온다. 하지만 그가 돌아왔을 때 그의 아버지는 전혀 예상하지 못한 반응을 보인다. 여기서 아버지의 모습이 바로 우리 영혼의 아버지 되시는 하나님 아버지의 모습이다.

그 아버지의 두 눈에는 어떠한 정죄나 판단도 없었다. 다만 지극한 사랑으로 가득했을 뿐이다. 아들의 형편이나 사정은 아랑곳하지 않고 무조건 받아들이는 아버지였다.

탕자에게 있어서 그 용납의 경험은 자기가 전에 항상 그와 같은 완전한 용납 가운데 있었다는 사실을 확인해주는 하나의 신선한 경험이었다. 그 사실을 깨달았을 때, 그는 새로운 사람이 되었다. 그의 참 자아가 되살아나 치유를 받았던 것이다.

구약의 다윗 왕은 하나님의 무조건적인 사랑을 받아들이지 못하는 사람들에게 큰 격려가 되는 인물이다. 다윗은 참으로 인간적인 사람이었다. 성경은 그가 저지른 끔찍한 죄악들을 조금도 감추지 않았다. 그는 한 여성에게 강한 음욕을 품었고, 결국 그 여자와 간통하기에 이른다. 그리고 자신의 죄를 감추기 위해 그 여자의 남편을 죽였고, 그 결과 징벌로써 아버지로서의 역할을 하면서 엄청난 고난을 겪었다.

그가 계속 죄악 가운데 있었을 때에는 하나님 앞에 나아가 그분의 인정을 받는 것을 생각조차 못했지만, 결국 그는 자신의 죄악을 하나님께 자백하고 자신을 향한 변함없는 하나님의 사랑에 초점을 맞추었다.

시편 51편에 이러한 그의 마음이 잘 묘사되어 있다. 다윗에게 변치 않는 사랑을 품고 계셨던 하나님께서는 그의 기도에 신실하게 응답해주셨다.

사도 바울은 그의 설교에서 다윗을 언급하면서, 하나님께서 그에게 놀라운 칭찬을 아끼지 않으셨다는 사실을 주목했다.

"내가 이새의 아들 다윗을 만나니 내 마음에 맞는 사람이라 내 뜻을 다 이루리라 하시더니"(행 13:22)

하나님은 사랑과 용서의 하나님이시다. 변치 않는 사랑은 그 분의 본성 중에 본성이다. 그러므로 하나님과 바른 관계를 맺으면 완벽주의는 치유될 수 있는 것이다.

하루하루를 가치 있게 보내면서 치유

그러므로 우리는 매일의 생활과 하루하루의 삶을 가치 있게 보내야 한다. 당신이 어떤 일을 완벽하게 이루었다 하더라도 당신이 본성적으로 불완전한 사람이라는 사실을 기억해야 한다. 완벽은 지극히 주관적이며, 아주 소수의 사람들만이 동의하는 추상적인 개념이다.

만일 당신이 일생동안 완벽 같은 추상적인 개념들만 추구한다면 아마 당신의 마음은 불안해져서 인생 가운데 찾아오는 조그만 기쁨과 만족을 전혀 즐기지 못할 것이다. 하지만 당신이 오늘 하루를 가치 있게 살아간다면, 어떤 완벽한 성취에서 오는 즐거움보다 훨씬 더 즐겁고 의미 있는 경험을 할 수 있을 것이다. 날마다 하나님을 발견해 나가며, 날마다 하나님의 변함없는 사랑과 완전한 용납을 경험하고 누리며, 당신의 한계를 인정하고 당신의 부족한 모습 그대로 받아주셨음을 믿으면 당신도 완벽주의를 치유할 수 있다.

우유부단하게 행동하는 내면아이

    강압적인 부모 밑에서 자라난 자녀는 우유부단하게 행동하는 내면아이가 된다. 그들은 늘 주저하고, 망설이고. 머뭇거리고, 반항하는 내면아이다. 그들의 삶에는 부모의 명령과 자녀의 반항이 반복된다.

    부모의 강압적인 명령에 자녀들은 분노하고 반항한다.

    강압적인 부모는 지나치게 권위주의적인 부모이기 때문에 자녀에게 매사에 지시하고 명령한다.

    그럴 때 자녀들은 부모에게 분노하고 반항하는데 그 반항은 다양하게 나타난다.

순응하는 반항

만일 부모가 아주 어려서부터 자녀를 강압적으로 대하였다면 자녀들은 일반적으로 아무런 반항도 하지 못하고 순순히 부모의 지시에 따른다. 그들은 부모에게 의문을 제기하지 않고 순종한다.

그들은 성장함에 따라 학교에 들어가서는 교사에게, 그리고 사회에 나가서는 고용주에게 아무런 이의도 제기하지 않고 통제적인 지시를 받아들인다. 그들은 자신이 그러한 지시를 받지 않으면 허전함을 느낀다. 그러므로 그들에게는 무엇을 하라고 일러줄 사람이 필요하다.

그들은 우유부단하기 때문에 주도권을 잡고 어떤 일을 해나갈 수 없으며, 자신의 뜻대로 행동하지 못하고, 자신의 행동에 대해서 책임이 주어지면 편안하지 못하고 심지어 불안해서 두려워한다. 그들은 언제나 누군가가 무슨 일을 하라고 말해주기를 기다리고 있다.

그러므로 그들은 다른 방식으로 어떤 일을 해야 할 때에는 완전히 초조해진다. 따라서 어떤 사람이 그들에게 무슨 일을 하라고 명확하게 일러주지 않으면 심리적으로 갈등을 느낀다. 하지만 그들의 순응 또한 일종의 반항이라는 것을 알아야 한다. 그들은 겉으로는 순응하고 있지만 속으로는 분노하고 있는 것이다.

적극적인 반항

만일 성장하는 단계에 있는 자녀에게 부모가 강압적인 태도로 대하면 그 자녀는 부모의 지시에 적극적으로 반항하고, 부모의 지시에 거부하는 반응을 보인다. 여기서 적극적인 반항은 압력을 가하는 부모로부터 생겨난다. 그리하여 부모와 자녀는 자주 갈등하며, 이러한 갈등은 자녀가 독립해서 자기 길을 갈 때까지 계속된다.

그런데 부모들은 자녀를 통제하는 아주 강력한 무기를 가지고 있는데 자녀에게 꼭 필요한 부모의 사랑과 인정을 유보시키는 것이다. 그래서 자녀는 어쩔 수 없이 분노하면서 부모의 지시를 받아드리겠지만 실제로는 이렇게 말하고 있다.

"당신이 나보다 힘이 세니까 나를 굴복시킬 수야 있겠지요."
"그러나 내가 독립할 때까지만 기다리시오."

그들은 계속해서 이러한 자세를 가지고 성인이 될 때까지 살아간다. 그리하여 결국 자신이 성인이 되면 그는 자기가 어릴 때에 느꼈던 분노 때문에 아직도 울적한 감정을 가지고 살아간다. 그들은 성인이 되어서도 적극적으로 어떤 지시에 반항하며, 때로는 권위를 가진 사람은 누구에게나 반항으로 반응한다.

소극적인 반항

소극적인 반항은 가장 일반화된 반항이다.

자녀가 아직까지 부모에게 적극적으로 반항할 수 있는 힘이 없으므로, 부모가 강압적인 지시를 내리고 강압적인 명령을 내리면 그 때는 자녀가 다양한 수준의 소극적인 반항을 한다.

소극적인 반항이란 부모의 지시에 머뭇거림과 꾸물거림으로 반응하는 것이다. 부모가 자녀에게 무슨 일을 시키면, 그는 "잠깐만요!"라고 대답한다. 그래서 부모가 다시 지시하면, "지금 갑니다."라고 대답하면서도 자기가 하고 싶은 일을 하면서 여전히 꾸물거린다.

그러므로 어린 시절에 부모의 명령에 분노하고 원망하며 반항할 때 비롯되는 일반적인 상황들이 있다.

첫째로 우유부단한 내면아이는 사회생활에서 예절을 지키지 못하는 것으로 반항한다. 일반 사회에 필요한 예의를 지키지 못하는 것이다. 그러므로 이것은 강요하고 강압하는 부모에게 거부하는 행동이다.

둘째로 우유부단한 내면아이는 책을 읽는 일에 관심을 두지 않는 것으로 반항한다. 이것은 부모가 자녀에게 독서를 강압적으로 훈련시킨 나머지 그것에 반응하여 오히려 책을 잘 읽지 못하는 것으로 반항한다.

셋째로 우유부단한 내면아이는 술을 마시는 것으로 부모에게 반항한다.

넷째로 우유부단한 내면아이는 문란한 성생활을 통해 부모에게 반항한다. 이것은 지나치게 강압적인 부모의 위협적인 경고나 금지에서 비롯된다. 어떤 여고생은 아버지가 "너는 절대로 이러저러한 짓을 해서는 안 된다."라는 아버지의 강압적인 명령에 반항해서 "나는 그렇게 할 수 있어요, 내 인생은 내가 살아간단 말이에요."라고 반항하여 문란한 성생활에 빠지는 것이다.

다섯째로 우유부단한 내면아이는 음식에 대해 강압적으로 명령하면 음식을 더 많이 먹는 것으로 반항한다.

여섯째로 우유부단한 내면아이는 돈에 대해 강압적으로 명령하면 돈에 대해 절제하지 못하는 것으로 반항한다. 많은 경우 충동적으로 구매하는 행위는 돈에 관련된 지난날의 강압적인 태도에 대한 계속적인 반항인 것이다.

일곱째로 우유부단한 내면아이는 유흥업소에 자주 가고, 도박을 밤늦게까지 하며, 밤늦게까지 TV를 보는 것으로 반항한다. 그와 같은 반항은 자녀가 놀이에 대해 지나치게 제재를 받았던 것에 대한 반응으로 반항하는 것이다.

이러한 부모의 명령과 자녀의 반항이 성인생활에 지속되면 우유부단하게 행동하는 내면아이는 자기가 자신에게 부모 노릇을 하면서 자신에게 지시하고 명령하며 다시 자신에게 반항하는 것이다.

소극적인 반항은 머뭇거리고, 주저하고, 망설이고, 주의를 산만하게 늘어놓음으로써 자기 자신의 지시에 계속해서 소극적으로 반항하는 것이다. 그 결과 자신은 어떤 일들을 활발하게 해낼 수 없으며, 자신에게 피로만 가득 쌓이게 만든다. 신체적 질병으로 찾아오는 피로를 제외하면 많은 경우에 자기가 자신에게 부모 노릇을 하면서 내면의 명령과 반항의 악순환이 만성적인 피로를 만들어 내는 것이다.

만일 당신이 매우 강압적인 부모에게서 자랐다면, 당신은 성인이 되어서도 마치 부모처럼 자기 자신에게 "이것을 하라, 저것을 하라"는 식으로 계속해서 명령하고 지시할 것이다. 그리고는 그러한 지시에 자신이 여러 가지 핑계를 대면서 주저하고 자신의 지시에 반항할 것이다.

그렇게 되면 당신은 결국 성공적인 인생을 살아갈 수 없다. 당신은 과거에 당신 부모의 강압적인 명령에 반항했던 것과 똑같은 방식으로 자기 자신의 지시에 대해 교묘하게 속임수를 쓰는 소극적인 반항으로 자기 자신을 무기력하게 만들 수 있다.

당신이 과거 부모의 옛날 태도를 고수하여 당신 자신에게 강압적인 명령을 내릴 경우, 그러면서 그 명령에 반항할 경우, 당신은 우유부단하게 행동하고, 망설이고, 시간만 낭비하는 결과를 초래할 것이고, 결국에는 자기 자신에게 상처를 입히게 될 것이다.

(우유부단하게 행동하는 내면아이의 치유)

당신의 마음속에 있는 명령과 반항의 악순환을 어떻게 치료할 수 있을까? 그것은 부모의 명령과 자녀의 반항이 어떻게 작용하는지 자세히 알아야 한다. 자녀의 반항이란 소극적이든 적극적이든 부모의 명령이 있을 때에만 나타나는 현상이다. 따라서 반항은 반드시 먼저 부모의 명령이 있어야 한다. 당신 안에서 작용하는 명령과 반항의 기본적인 구조를 이해할 때 자기 자신에 대한 강압적인 태도를 조절하는 데 도움이 될 것이다.

또한 당신은 반항해야 할 상황에서 조금씩 그것을 줄일 수 있는 방법을 찾을 수도 있다. 하지만 자기 자신에게 명령하려는 성향이 당신에게 익숙해져 있기 때문에 당신이 명령을 받지 않고 살아가려고 노력하는 것이 처음에는 이상하게 느껴질 것이다.

하지만 당신이 어떤 일을 반드시 해야 하는 목록을 작성하는 습관을 버려야 한다.

그러므로 당신이 참으로 하고 싶은 일들을 해낼 수 있다고 믿어야 한다. 당신 자신에게 강압적인 위협을 가하지 않으면서도 당신의 능력을 발휘해서 만족을 누려야 한다. 그러면 당신에게서 반항하고 싶은 생각은 점차 사라질 것이다. 당신에게도 할 수 있다는 자신감과 능력이 생길 것이다.

만일 당신의 내면아이가 당신을 사로잡아 명령과 반항이 지속되는 악순환에 빠지게 한다면 당신은 결코 인생의 목표를 성취할 수 없을 것이다.

그러므로 당신은 그와 같은 속박에서 해방되어야 한다. 당신 자신의 역량을 자유롭게 발휘하여 당신의 명령과 반항의 악순환을 치유해야 한다.

요구만 하는 충동적인 내면아이

유약한 부모 밑에서 자라난 자녀는 요구만 하는 충동적인 내면아이가 된다. 요구만 하는 충동적인 내면아이는 발끈하는 기질을 가지고 버럭버럭 화를 낸다. 어떤 일을 할 때에도 충동적으로 일을 한다. 별다른 의미가 없는 일이나 활동에 온갖 노력을 기울이는 경우도 있다.

충동적인 행동에는 알코올이나 다른 약물의 사용에서부터 다른 사람과의 단기간에 갖게 되는 강렬한 관계나, 통제를 시도하는데 이르기까지 그 범위는 넓다. 그 속에는 과식과 과도한 성적 탐닉과 과도하게 일에 매달리는 일중독과 돈의 무절제한 낭비도 포함된다.

이러한 충동적인 행동은 자신이나 다른 사람을 파괴하는 부정적인 형태로 나타난다. 그것은 위기를 초래하기에 자신이나 다른 사람을 위기에 빠뜨릴 수도 있다. 충동적인 사람은 사람들이 자신의 뜻을 따라 주지 않으면 자기를 사랑하지 않는 증거라고 말한다. 그들은 다른 사람들의 권리를 존중하지 않는다.

그러므로 요구만 하는 충동적인 내면아이 배후에는 자신을 유약하게 대하였던 부모의 태도가 아직까지 자기 자신에게 남아 있기 때문이다. 그러므로 너무 유약한 태도로 자녀를 키우는 것이 바로 문제이다. 유약한 부모에게는 부모의 권위가 전혀 없다. 자연히 부모가 자녀를 이끄는 것이 아니라 자녀가 부모를 이끌어 간다. 부모의 유약함 때문에 고통을 겪는 자녀들은 변덕스러우며, 항상 더 좋은 곳을 찾아다닌다.

그들은 절제하지 못하고 과식과 과음을 하고, 차를 너무 빨리 몰며, 이 사람 저 사람 가리지 않고 많은 남녀를 사귀며, 돈을 많이 낭비하며, 참으로 중요한 문제는 그냥 넘겨 버린다.

그들은 자기들의 충동적인 요구가 채워지지 않을 경우 짜증을 부린다. 어떤 일에 있어 인내와 끈질긴 노력이 요구되면 그들은 쉽게 권태에 빠지고 지쳐버린다.

그들은 자신의 노력으로 어떤 일을 성취하는 데서 얻는 만족을 거의 느끼지 못하고, 다른 사람들이 자신에게 모든 것을 다 제공해 주기를 기대한다.

요구만 하는 충동적인 내면아이의 문제

충동적으로 행동하는 내면아이는 흔히 다른 사람의 감정이나 권리를 침해한다. 그들은 거리낌 없는 충동적 행동에 익숙해져 있다. 그들은 일시적인 폭발이나 불신이나 또는 생각이 부족해서 다른 사람들에게 상처를 입히는 것을 경험하면 본인 스스로도 깜짝 놀란다. 그들은 충동적으로 생활하기 때문에, 다른 사람의 감정에는 아무런 관심도 없다. 그들은 상대방에게 항상 명령하며, 상대방이 자신의 노예가 되기를 바란다. 상호간에 사랑을 나누는 것은 생각할 수도 없는 일이다.

그들은 충동적으로 행동하기 때문에 자신이 원하는 어른다운 목표를 달성하지 못한다. 그들은 쉽게 산만해지고 자신의 목표를 변경한다. 그들은 자신의 충동적인 성품이 목표를 달성하는 데 방해가 된다는 사실을 깨닫지 못한다. 결국에 그들은 자신의 꾸준한 목표를 달성할 수 없다.

충동적인 내면아이의 두드러진 특성은 그들이 매력적인 사람으로 보일 수 있다는 것이다. 그들은 하지 말아야할 금지된 말들과 잘못된 행동을 한다. 어떤 모임이나 파티 석상에서 즉흥적으로 행동한다.

그들의 말과 행동이 어리석어 보일지라도 관심을 끌고, 친구들이 모여들며 찬사를 받을 수도 있다. 그들은 재빠르게 그리고 쉽게 사람들과 친근한 관계를 맺는 능력을 가졌지만 그들의 변덕스러운 태도 때문에 그들과 친했던 사람들이 종종 상처를 받고 그들을 떠나 버린다. 그러나 그들은 재빨리 그리고 손쉽게 다른 사람들과 관계를 맺기 때문에 아주 친밀한 관계를 그렇게 대수롭지 않게 생각한다.

그러므로 충동적인 사람은 이렇게 말한다.

"당신은 나를 사랑하지 않습니다."
"만일 당신이 나를 사랑한다면 내가 요청하는 것을 들어줄 것입니다."

이들은 자신들의 요구가 채워지지 않으면 자신은 사랑받지 못하는 쓸모없는 존재라고 느낀다. 그들의 적절하게 발휘되는 예민하고 충동적인 감각이 그들을 위대한 배우나 연예인으로 만들어낼 수도 있다.

이러한 토양에서 자라난 충동적인 사람들은 무대에서나 영화를 통해서는 화려한 성공을 거두는 반면에, 자신의 인생이라는 무대에서는 처절한 실패를 경험하는 경우가 많다.

그러므로 매력이 넘치고 재능이 풍부한 그들의 충동적인 행위는 그들의 유아 시절에 발달된 것이다. 그 시기에 부모들은 자녀의 충동성에 제재를 가하는 대신에 자녀의 잘못된 요구에 굴복했던 것이다. 그 자녀의 발달 단계에서 중요한 시기마다 어느 누구도 그의 요구에 "안 된다"라고 거절하지 않았고, 그들의 충동적인 성품에 제동을 걸지도 않았다.

그러면 부모는 왜 자녀의 변덕스러운 요구를 그대로 받아주었을까? 왜 철부지 자녀가 부모의 상전 노릇을 하도록 내버려두었을까?

부모는 자녀를 사랑하는 마음으로 그렇게 했다고 말하지만 부모가 자녀를 그렇게 대하는 것은 다음과 같은 이유가 있다.

자녀가 부모의 삶에 있어서 각별한 의미를 지닌 경우

자녀가 외동아들이거나 외동딸이거나 혹은 결혼하고 오랜 시간이 지나서 노년에 얻은 자녀이거나 혹은 다른 자녀가 죽은 다음에 태어난 자녀일 수도 있다.

흔히 그런 부모들은 필사적으로 자녀를 갖고자 원하던 끝에 힘들게 얻은 자녀이기 때문에 자녀의 변덕을 사랑으로 감싸주기 마련이다.

그런 부모들은 자녀의 행복을 찾아주려고 애쓴 나머지 자녀가 어린 마음에서 바라는 것은 무엇이나 해주려고 노력한다. 그들은 행여나 자녀의 사랑을 잃지 않을까 마음속으로 애를 쓰며 속을 태운다.

그러한 불안이 내면에 깔려 있기 때문에 그들은 자기 자녀의 얼굴에 노여움이나 분노의 표정이 나타나는 것과 찡그린 얼굴을 차마 볼 수 없을 것이다. 왜냐하면 그런 표정이 자녀로부터의 사랑의 상실이라는 무기로 부모를 위협하기 때문이다.

불안한 마음에서 자녀의 변덕스러운 행동에 굴복하다 보면 자녀는 자기가 야단법석을 부리고 화를 내면 자기 방식대로 모든 것을 해나갈 수 있다는 것을 알게 된다. 나중에 가서 부모가 보기에 확실하게 제재를 가할 상황에서도 자녀는 오히려 화를 내서 부모를 굴복시킨다.

나이가 들면 이제 자녀는 자기에게 굴복하는 부모를 향해 "만일에 부모님이 저를 사랑한다면 제가 말하는 바를 해주실 거예요."라고 말한다. 이것은 부모에게 자기네 사랑을 증명해 보이라고 말하는 압력이며, 이렇게 되면 결국 부모는 자녀의 잘못된 요구에 완전히 굴복할 수밖에 없다.

강한 모성애적 본능을 가지고 어머니 노릇을 하는 경우

가정 밖에서의 역할에서도 그런 여성들은 다른 사람에게 봉사하기를 좋아하며, 항상 다른 사람을 위해 해야 할 일들을 찾아다닌다. 예를 들면 그런 여성들은 이웃을 위해 먹을 것을 준비하거나 교회에서 벌이는 바자회에 내놓기 위해 밤을 새가며 음식을 만들고, 아픈 친구를 위해 집안일이나 요리를 해준다. 자기 가정의 어머니의 역할에 있어서도 그들은 기꺼운 마음으로 자녀들의 종이 되는 것이다.

그들은 자녀가 요구하는 것은 무엇이나 거절하지 않는다.

그러므로 자녀는 자신의 부모를 이용하는 것이다.

그런 어머니는 자기 자녀의 충동적인 성품에 제재를 가할 수 없다.

왜냐하면 인생에서 부모의 만족은 자녀가 부모를 받아주느냐에 달려 있기 때문이다.

이렇게 유약한 부모가 된 것은 본인이 잦은 요구에는 순응하도록 요구하는 부모의 슬하에서 자라났기 때문이다.

그러한 부모는 자동적으로 자신은 전혀 돌보지 않고 자녀에게 봉사하는 것이다.

그런 부모들은 계속 자기의 감정을 비하하는 나머지 자신은 아무런 권리가 없다고 믿는 부모들이다. 이러한 부모들은 자녀에게 굴복하는 것과 사랑을 베풀고 안전을 보장해 주는 것을 혼동하고 있는 것이다.

자녀를 사랑하고 존중한다는 것은 자녀의 모든 요구에 굴복하는 것이 아니라는 것을 모르는 것이다. 자녀의 요구에 굴복함으로써 자녀의 충동적인 성품은 오히려 커지겠지만 사실은 자녀의 안전은 위태롭게 만드는 것이다. 왜냐하면 자녀의 강렬한 감정은 그 자신도 두려워하기 때문이다.

부모가 자녀의 변덕스러운 요구에 굴복하면 자녀는 충동적인 행위가 지속되며, 그 충동적인 행위가 굳어져 버린다. 어린이가 성장함에 따라 더욱 더 충동적으로 요구함으로써 자기가 원하는 것을 얻을 수 있다는 것을 터득한다.

충동적인 사람을 만드는 문화적인 요인

많은 부모들은 자기 자녀에게 사랑과 안전을 제공하기 위해, 자녀들이 웃음을 잃지 않고 행복하게 살아가도록 도와주기 위해 어떤 희생이라도 치르려 한다. 다시 말해서 자기 자녀들의 충동성에 제재를 가하지 못하는 것이다. 그러므로 부모는 자녀가 안정감을 느낄 수 있게 해주려면 조건을 붙여 자녀들의 요구를 제한하는 것이 필수적인 요소라는 것을 이해하지 못한 것이다.

그러므로 많은 부모들은 충분한 사랑과 안전을 베풀지 못할 경우에 비행청소년이 될 수도 있다는 가능성을 걱정한 나머지 사실을 바로 알지 못한 것이다. 부모들이 자녀의 일시적인 기분에 굴복하면 그들이 성인이 되었을 때에 더 강력한 비행을 저지르는 무제한적인 충동적인 사람으로 만들고 있는 것이다.

부모가 자녀에게 설정해 주는 한계는 자기 직분을 다하고, 자기 자신을 구현하기 위해서 성인이면 누구에게나 필요한 자기 제어의 기초가 되는 것이다.

자녀에게 그러한 통제가 없으면 사람들은 치명적인 상처를 입게 되며, 항상 충동적으로 행동하며, 성인이 되어서 직면하게 될 상황에 자신을 적응시켜 나갈 수 없다. 우리의 여러 가지 사회적 관습이나 우리 사회의 다른 요소들은 그러한 통제를 방해하고 있다.

예를 들어, 우리가 대하는 여러 가지 상품 광고는 그 생산품의 독특한 장점을 제시하는 것이 아니라 모든 것을 벗어 던지고 자신을 즐기라는 구호를 내걸고 있다. 모든 공산품은 충동적 구매를 노리고 생산되며, 일단 상점에 진열해 놓으면 고객은 자기가 꼭 필요로 하는 물품뿐만 아니라 충동에 이끌려 다른 물품도 구입하게 된다. 상품 그 자체에서부터 포장과 진열에 이르기까지 모든 것이 갖고 싶다는 충동을 느끼도록 계획되어 있다.

그러므로 물건 자체가 중요한 것이 아니라 충동이 일어나면 구입하는 것이다. 여기에서 발휘되는 상술은 만일 그 물건을 소유하면, 당신은 안전하고 안락하고 건강해지며, 당신 자신에 대해 긍지를 가질 수 있으며, 사랑 받는 유명인사가 될 것이라는 사탕발림인 것이다.

모든 물품을 할부로 구입하고 아주 싼 가격에 구입할 수 있다고 유혹하는 신용카드제도는 충동적인 지출을 선도한다. 이러한 충동적인 구매의 결과로 많은 가정이 다음 해의 수입까지도 지출하고 있다.

뿐만 아니라 모든 매스컴은 사랑과 성의 충동성을 부채질한다. 잡지와 신문은 모든 면에서 충동질하고 있으며, 특별히 성적인 자극을 유발시키고 있다. 대중가요는 충동적인 성품이 그럴 듯하고 매력적인 것이라도 되는 양 노래하고 있다.

문학 전반은 물론이고, 연극, 영화, 텔레비전과 드라마 등은 모두 기회를 포착하는 충동적인 인물들이 등장하고 있다. 극장에서도 충동성을 부채질하고 수많은 유흥업소에서도 충동성을 부채질하고 있다. 당신의 충동적인 면이 이와 같은 문화적 요인들 때문에 많은 자극을 받고 있다는 것을 깨달아야 한다.

충동적인 성향에 굴복하는 내면아이

첫째로 발끈하는 성질을 가지게 된다.

충동적인 성향을 가진 내면아이는 어떤 일에 대하여 방해를 받거나 좌절을 당할 경우 치밀어 오르는 분노가 있어 사나운 욕설로써 자신의 충동성을 폭발한다.

그들은 종종 잔혹하고 파괴적인 말을 하고 나중에는 후회한다. 발끈하는 성질은 충동적인 성향의 내면아이가 자기 방식대로 해나갈 수 없을 때 보이는 태도이다. 그들은 주변의 여건은 고려하지 않는다.

그들은 그저 사람들에게 화를 버럭버럭 내고 그러한 주위환경을 탓하고 있다.

그런데 이와 같은 폭발은 종종 크나큰 불행과 고통을 몰고 오는 원인이 된다. 그래서 많은 사람들이 쉽사리 폭발해 버리는 자신의 성품을 억제하기 위해서 마음속으로 수를 세는 일에서부터 주위를 걸어 다니는 일에 이르기까지 여러 가지 해결책을 익히고 있다. 우리는 발끈하는 성질이 무엇인지 그 정체를 파악해야 한다. 그것은 사납게 몰아치는 폭발이다.

둘째로 비만으로 심한 고생을 한다.

비만 때문에 심한 고생을 하고 있는 사람들은 자신의 탐식을 물리치지 못한 사람들이다. 그들은 어렸을 때 음식 투정을 부리는 자신에게 음식을 먹이기 위해 애타게 노력하는 어머니가 그 투정을 받아 주었기 때문이다. 어떤 사람들은 자신이 너무 고독하고 가난하며 낮은 지위 때문에 과식을 하는 경우도 있다.

만일 당신이 체중 때문에 고통을 겪고 있으며, 항상 체중 조절을 위해 애쓰고 있다면, 당신은 부모에게 받은 유약한 태도를 변화시키고자 노력하기보다는 당신이 자신에게 너무 유약한 부모 노릇을 함으로써 빚어진 결과라는 것을 알아야 한다. 당신은 어떤 식이요법이 가장 신속하게 체중을 줄일 수 있는 방법인지를 묻기보다는 자신에게 어떤 부모 노릇을 하고 있는지를 자문해 보아야 한다.

셋째로 알코올 중독으로 심한 고생을 한다.

많은 알코올 중독자들의 충동적이며 도무지 통제할 수 없는 음주는 자신의 어린 시절에 그런 방면에 제한을 받지 않았기 때문이다. 알코올 중독은 충동적인 특성을 가지고 있다. 충동적으로 행동하는 사람에게는 거의 모든 것이 술을 마시는 핑계가 된다. 그가 그런 충동을 거절하지 못하기 때문에 그 결과로서 생기는 생활은 이루 말할 수 없이 비참하다.

어린 시절에 그의 충동적인 성품에 아무런 제재를 받지 않은 결과, 성인이 되어서 술을 너무 많이 마시게 된 사람이 종종 자기가 안고 있는 문제 때문에 무력하게 몸부림치고 있다.

그 사람의 철석같은 술의 절제의 약속도 첫 잔을 마시면서 이내 무너진다. 알코올 중독자들의 모임에서 서로 모여 집단적인 통제를 가함으로써 충동적인 음주를 하는 사람이 속으로 자신의 충동성을 통제할 수 있도록 강화시켜서 스스로 절제하도록 돕고 있다. 그런데 이러한 도움은 서로 존중하는 분위기에서만 가능하다.

넷째로 낭비벽이 심하여 고생하고 있다.

충동적인 지출은 보다 중대한 의무를 이행할 수 없게 만든다. 자녀들이 상점 앞에서 칭얼거리며 귀찮게 한다고 그들의 충동적인 물질적 요구에 부모가 계속 굴복하다 보면 그와 같은 소비성향이 습관화된다. 수많은 연구에 의하면 충동적인 지출은 결혼생활에 있어서 불만과 다툼의 중요한 원인이다.

그러한 다툼이 심해져서 이혼을 하게 되는 가정도 많다.

우리가 어렸을 때에는 부모님이 우리의 돈을 통제하고 제재를 했다. 그런데 만일 당신의 부모가 새로운 것을 사달라는 당신의 요구에 굴복했었다면 이제 당신은 같은 방식으로 당신 자신에게 굴복할 것이다.

당신은 당신 자신에게 부모 노릇을 함에 있어서 어린 시절의 씀씀이대로 지금도 그렇게 지출하고 있는지 한 번 살펴보아야 한다.

당신은 필요에 의해서 물건을 사고 있는지 자신을 검토해 보아야 한다. 충동적인 지출은 당신의 진정한 필요를 위해서 지출해야 될 돈을 낭비하게 만든다.

다섯째로 충동적인 사람은 인간관계를 파괴한다.

충동적인 사람에게 있어서 상대방이란 자기 부모가 자기에게 했던 것처럼 자기에게 봉사하기 위해서 존재한다고 생각한다.

충동적인 사람은 처음에는 자기끼리 서로 이끌리다가도, 그 관계에서 자신이 상대방에게 봉사해야 한다면 재빨리 그 관계를 깨뜨린다. 그들에게는 진정한 관계를 위한 상대방에 대한 관용이나 배려를 찾아 볼 수 없다.

충동적인 남편과 결혼한 어느 부인의 고백이다.

"나의 남편과의 가정생활은 기복이 심한 감정의 궤도차를 타고 사는 것과 같아요. 그 이는 나의 기분은 어찌 되었든 상관하지 않아요. 오르지 자기가 어떻게 느끼느냐가 중요할 뿐이지요. 나는 그 이를 따라 그 궤도차를 타고 즐거워하기를 강요받고 있을 뿐이에요."

충동적인 사람들에 대한 불평은 대개 비슷하여 자신은 이용당하고 있다고 하소연을 한다. 반면에 충동적인 사람들은 "그 사람은 내가 말하는 대로 하지 않으려 해요."라고 불평한다. 그런데 이용당하고 있다는 불평은 성적인 영역에서 가장 빈번하게 일어난다.

충동적인 남성과 결혼한 여인은 종종 "나의 남편은 나와 내 기분은 개의치 않아요. 그 사람은 정말 거칠고 나를 사람으로 취급하지도 않으면서 오르지 한 가지 자기의 만족만을 생각하고 있어요."라고 불평한다.

또 다른 여인은 이렇게 고백한다.

"나의 남편은 하루 종일 나를 쓰레기 취급하며, 이것을 해 달라, 저것을 해달라고 요구만 합니다. 그리고 밤이 되면 자기와 함께 기쁘게 잠자리에 들어가기를 기대해요. 나는 남편을 사랑하지만, 너무나 기분이 상해서 그 이에게 어떤 대접도 해주고 싶지 않아요."

그러나 충동적인 여성도 마찬가지로 자기 남편의 기분은 개의치 않으면서 성을 무기로 사용한다. 만일 자기 남편이 여러 가지 분야에서 자기의 요구를 들어주지 않으면 그녀는 남편의 성적인 제의를 거절하고 무시해 버린다.

어떤 남편은 충동적인 자기 아내에 대하여 이렇게 말했다.

"그녀는 자기 눈에 뜨이는 시시콜콜한 모든 것을 살 수 있을 만큼 충분한 돈을 벌어다 주지 않는다고 나를 너무나 애타게 만들고 있어요. 그리고 내가 만일 자기 말대로 행하지 않으면 성적인 제의에 대해 '안돼요'라고 거절합니다. 나는 때때로 그녀와 사랑을 나누려면 다이아몬드 팔찌라도 사주어야 한다고 생각합니다."

이러한 결혼생활은 종종 비바람이 몰아치는 폭풍우를 경험한다.

눈물과 분노와 슬픔과 가슴 아픈 불행에 젖어 화를 내면서 "만일 당신이 나를 사랑한다면…"이라고 말하게 된다. 충동적인 사람들에게 있어서 성은 실행되어야 할 대사건이며, 배우자는 즐거운 기분을 얻기 위해 이용되는 도구에 지나지 않은 것이다. 그들은 순간순간의 즐거움을 좇아서 살아가며 다른 사람들도 자기와 똑같이 살아가기를 기대한다.

(요구만 하는 충동적인 내면아이의 치유)

당신이 만일 요구만 하는 충동적인 내면아이라면 이제 당신의 충동성의 근원이 무엇인지를 알고, 당신의 충동성을 억제하기 위해 오랫동안 끈질긴 노력을 해야 한다.

당신은 자신에게 보다 쓸모 있고 도움이 되는 부모가 되어야 한다.
당신은 한 때 당신의 부모가 그랬던 것처럼, 자신의 충동성에 굴복하지 말아야 한다.

당신이 취해야 될 행동은 당신의 충동성을 전면적으로 부정하는 것이 아니라 그 충동성을 지혜롭게 분류하여 하나하나 제어해 나가야 한다.

의욕이나 활력이 없어
소극적인 내면아이

  과보호형의 부모 밑에서 자라난 자녀는 대체로 따분해 하거나 열의가 없고, 일에 대하여 관심도 없고, 다른 사람들을 기쁘게 할 수 없으며, 늘 불평하고, 진정한 인생의 목표를 세울 수 없으며, 그 목표를 위해서 전진할 수도 없으며, 다만 정처 없이 표류하면서 다른 사람들의 도움에만 의존한다.

  어린 시절에 부모로부터 지나치게 과보호를 받으며 자란 내면아이는 의욕이나 활력이 없어 소극적이며 불만에 사로잡혀 있다.

그러므로 과보호형의 부모들은 자녀들의 모든 요구를 다 받아주고 수용한다. 자녀들을 위해서 언제나 선물을 안겨준다. 그래서 의욕이나 활력이 없어 소극적인 내면아이는 싫증을 쉽게 내고, 따분해하며, 몹시 쉽게 지치고, 외로워하며, 만족하지 못하며, 안절부절 못하게 된다.

　　그들은 자기 스스로는 손가락 하나 까딱하지 않으면서 다른 사람들이 자기를 위해 모든 것을 다 해주기를 바라게 된다.

　　그들은 또한 누군가가 나서서 고독한 내적 권태와 우울한 욕구불만과 생활에서 흥미를 잃어버린 상태에서 자기를 구출해 주기를 고대한다. 그러므로 그들의 목소리는 종종 불평으로 가득 차 있고 투덜거림으로 들린다. 그들은 표류하고 있다. 그들의 항상 피곤해 보이는 분위기는 사람들로 하여금 발길을 돌리게 한다.

　　그들은 자신의 무능력을 극복하지 못한다. 그들은 인생의 여정에서 여전히 고독하고, 불만스럽고, 무관심한 태도를 가지고 기다리며, 방관하고 계속 표류하고 있다. 만일 당신이 이와 같이 정처 없이 표류하고 있다면 당신은 어린 시절에 지나치게 과보호를 받았던 것이다.

　　과보호로 고통을 겪고 있는 사람들은 이것저것 직업을 바꾸어보고, 이 사람, 저 사람과 사랑도 해보고, 심지어는 결혼과 이혼을 밥을 먹듯이 하며, 이리저리 이사를 다니는 등 자꾸 이동하는 경향이 있다.

어떤 의미에서 이들이 추구하는 것은 일상적인 목표가 아니라 인생을 흥미롭게 살아갈 수 있도록 자기를 이끌어줄 어떤 사람을 찾고 있는 것이다. 그래서 그들은 다른 사람이 자기를 대신해서 모든 것을 책임지도록 행동하려 한다. 그들은 흔히 자기에게 만족을 줄 수 있는 어떤 일을 자기 스스로도 할 수 있다는 것을 믿지 못한다.

그들은 자신의 친구가 부모 노릇을 해주기를 기대한다. 그들은 어느 면에서 자기의 친구가 자신을 과보호하던 자신의 부모 역할을 하게끔 만들려고 노력한다. 자기 친구로 하여금 자신의 필요와 자신이 원하는 것이면 무엇이나 제공하게 하려고 애를 쓴다.

이들은 인생에 대하여 또는 자신이 해야 할 일에 대하여 불평한다. 그들은 모든 것이 자기를 위해서 이루어져야 한다고 기대하기 때문에 스스로 활동할 수 없다. 그들은 자신의 노력이 요구되는 일이 생기면 무엇이나 불가능하거나 자신의 힘으로 할 수 있는 일이 아니라고 생각한다.

그러면 왜 부모들은 자녀들을 과보호하는가?
그런 부모는 자녀를 깊이 사랑하기 때문이라고 말한다.
그런 부모는 대체로 자녀가 실제로 어떤 필요가 생기기도 전에 늘 장난감이나 각종 봉사를 아낌없이 제공한다. 지나치게 과보호하는 부모는 자녀가 어떤 요구를 할 때까지 기다리지 않는다. 물품들이나 봉사가 요청되기 훨씬 전에 그것들을 제공한다.

그 결과 지나친 과보호형의 부모 밑에서 자라난 내면아이는 소극적이며, 무엇이든지 제공되기를 기대하며, 너무 많은 것을 제공받기 때문에 따분해하고 관심을 보이지 않는다.

과보호형의 부모는 풍부하게 제공함으로써 자녀들이 노력을 기울려야 할 필요성을 없애버린다. 자녀가 자기 자신의 노력으로써 만족을 찾는 것을 배울 수 있는 기회를 박탈해 버린다. 그런 자녀는 노력을 기울이기 시작하고 꾸준히 노력을 기울이는 것을 절대로 익힐 수 없으며, 오히려 의존적이고 소극적인 상태에 머물러 있게 된다.

그들은 너무 많은 것들을 받았기 때문에 권태를 느끼거나 혹은 자기에게 제공된 것들에 물리게 되고 어떤 흥미나 노력을 오랫동안 유지해 나가지 못한다. 그는 어떤 일에 대한 자기의 관심을 지속시켜 나갈 수 없기 때문에 자신을 즐겁게 해줄 수 없으며, 그래서 다른 사람들이 재미있는 내용을 제공해 주기를 기대한다.

이와 같이 자신이 필요로 하는 모든 것을 다른 사람들이 제공해 주기를 기대하는 의존적이고 권태롭고 소극적인 태도는 어른이 되어서도 그대로 지속된다. 자기에게 익숙하지 않은 환경에 처하여 자신의 힘을 발휘해야만 될 처지에 빠지게 되면 그는 불안해하고 두려워한다. 그는 종종 자기 친구들이 자기를 도와주지 않는 것에 대하여 당황하고 실망한다. 그러면서 그런 친구들은 진정한 친구가 아니라고 매도해 버린다.

왜 과보호형의 부모가 되는가?

첫째로 부모가 가난한 환경에서 성장했기 때문이다.

그런 부모는 "나의 자식들만은 내가 겪은 고통을 겪지 않게 해야겠다."고 결심한다. 혹은 "내가 걸었던 길을 걷지 않게 해야겠다."고 결심한다. 그런 부모는 자기 자녀들을 지나치게 과보호하면서 자기의 어린 시절의 욕구를 충족시키려고 노력한다.

흔히 과보호형의 부모들은 최근에 와서야 물질적 풍요를 누릴 수 있게 되었기 때문에, 정교한 장난감이며 값비싼 의복에서부터 여름 캠프와 변형이 가능하게 조립할 수 있는 로봇 장난감이나 모피 코트와 해외 여행에 이르기까지 모든 것을 자녀들에게 제공한다.

그 결과 과보호형의 부모에게서 자라난 자녀들은 어떤 노력을 기울이는 일 없이 권태를 느끼고 무관심해져서 소극적으로 표류하게 된다. 그리고 결국에는 이러한 안락함을 자신의 노력으로 얻지 않았기 때문에, 또한 자기 부모님들처럼 고생하지 않았기 때문에 죄책감을 느낄 수도 있을 것이다. 또한 자신의 통증이나 고통을 빙자해서 다른 사람들로 하여금 자신의 요구에 응하지 않을 수 없도록 만드는 병약한 환자가 될 수도 있다.

둘째로 부유한 부모들이다.

부모 편에서나 자녀 편에서 어떤 노력을 기울일 필요 없이 모든 것을 제공할 수 있게 해주는 수단을 가진 부유한 부모들이 있다. 이러한 사회 계층에서는 지나친 과보호가 쉽게 생활방식으로 굳어진다. 왜냐하면 노력을 통해서 만족을 찾아야 할 필요성이 희박해졌기 때문이다.

셋째로 아무런 이유가 없는 경우도 있다.

그들은 종종 아무런 이유가 없는데도 자신의 과거 때문에 자신의 결혼생활과 자녀들에게 심한 죄책감을 가지고 있어서 그 죄책감을 완화시키는 수단으로서 과보호형의 부모가 된다.

넷째로 지나친 욕구를 가진 부모 때문이다.

종종 부모로서 자녀를 돌보고 사랑을 주려는 지나친 욕구를 가지고 있기 때문에 자녀를 과보호하고 애정과 물품과 봉사로 자녀들을 질리게 만든다. 맹목적이고 지나친 사랑으로 자녀를 감싸는 행위는 부모로 하여금 자녀의 온갖 요구와 필요성을 예상하게 만들고 어린 시절에 흔히 겪기 마련인 모험에서 자녀를 과보호하게 만드는 원인이다.

또한 부부간의 불화와 성적인 문제들이 종종 어머니의 관심을 자녀에게 더욱 향하도록 만들어서 결과적으로 지나친 과보호와 과도한 애정을 쏟게 되는 경우도 있다.

과보호형의 부모 밑에서 자라난 내면아이는 성인생활에서 많은 어려움을 겪게 된다. 어린이가 원하지 않았거나 생각하지도 않았던 장난감, 선물, 물건, 봉사를 일찍 받게 되면 그는 소극적이며 권태를 느끼고 바라기만 하는 성향의 내면아이가 된다.

그들이 만일 그런 것들을 열망했거나 혹은 그것들을 얻기 위해 애썼다면 그런 것들을 통해서 얻을 수 있었던 만족이 부모 때문에 희생을 당한 것이다. 어떤 일을 시작할 줄 아는 필요성도 희생되었다. 그 대신 자녀는 모든 것이 누군가에 의해서 제공되리라는 사실을 터득하게 된다.

자녀는 새로운 장난감이나 선물이나 의복을 대하면 일시적으로 흥미를 느끼겠지만 이내 편치 못한 자세로 안절부절 못하고 따분해하며 불만스러워한다. 그들이 흥미를 느끼지 못하고 안절부절 못하는 것을 알아차린 부모는 그들의 불만을 해소시켜 주려고 더욱 더 자녀를 과보호를 한다. 이것이 그들에게 더욱 소극성과 무관심을 조장시켜 준다.

자녀는 무슨 일을 적극적으로 추구하거나 혹은 어느 분야에서 꾸준한 노력을 기울일 필요성을 느끼지 못한다. 그런 자녀는 여전히 투정부리고 불평하는 가운데 불만족스러워하고 따분해 한다. 이런 식의 지나친 과보호와 그에 따른 소극성과 무관심이 계속 반복되면 그들이 어떤 일을 시작하거나 꾸준히 노력하기가 아주 어려워진다.

과보호 받으며 성장한 자녀는 어른이 되어서도 그런 태도를 고수한다. 그런 태도는 식사와 같은 특정한 일에서 직접적으로 드러날 수도 있겠지만 그러나 두드러진 특징은 소극성과 다른 사람들이 자기에게 모든 것을 제공해 주기를 바라는 의존심과 사업이나 학업 계획을 지속적으로 밀고 나가지 못한다.

그들은 직장을 찾지도 못하고, 계속 불평을 늘어놓고, 일자리를 찾아 달라고 다른 이들에게 의존한다. 직장에서도 그들은 대체로 근무성적이 불량하고, 별다른 만족을 얻지도 못한다. 자기에게 할당된 일에 대해서는 무엇이나 불평을 늘어놓는다. 권태와 고독과 불만이 그들을 괴롭힌다. 또한 그들은 다른 사람들이 자기에게 모든 것을 제공하지 않는다고 불평하고 자기를 구해 주지 않는다고 비난한다. 그들은 모든 사람들이 자기를 보살펴 주기를 원한다.

과보호형의 부모 밑에서 자라난 내면아이는 마음을 알아 달라는 불평을 많이 한다. 그들은 다른 사람들이 자기 마음을 알아주기를 원한다. 자기가 원하는 것이 무엇인지를 알아서 제공해 주기를 기대하는 것이다.

그러나 그들의 소망과 욕구가 채워지지 않으면 그들이 어렸을 때 그랬던 것처럼 심한 불평을 한다. 그것도 처음에는 자기 자신에게만 심한 불평을 하는 경우가 종종 있다.

왜냐하면 그들은 불평을 하거나 무엇을 요구하는 방법조차도 깨우치지 못했기 때문이다. 그들의 상대방은 무엇이 요구되고 있는지 전혀 알수 없는 데도 그들은 자기의 소망이 자동적으로 파악되어서 충족되기를 기대하는 것이다.

그들은 실제로 자기가 사랑 받지 못하고 있다고 생각한다. 왜냐하면 그들이 어렸을 때는 그들의 부모들이 그들이 요청하는 바를 들어주었으며, 그런 방식대로 자기들의 애정을 표현했기 때문이다. 그래서 결국 그들은 성인이 되어서도 그와 같은 방식으로 자기들을 대해 주지 않으면 사랑 받지 못하고 있다고 느낀다.

그와 같은 기대가 채워지는 경우가 드물기 때문에 그들은 늘 불만스러운 분위기 속에서 인생을 살아간다. 그들은 자신들의 노력으로써 어떤 의미 있는 만족을 찾지도 못한다. 왜냐하면 그들은 그러한 노력을 하려면 불편하고 불안하기 때문이다.

그들은 만족하지 못하고 따분해하며 불평하면서도 계속해서 자기들의 소극성을 유지함으로써 자기가 어린 시절에 과보호되었던 처지를 그대로 고수한다. 그들은 행동을 취해야만 될 환경에 처하게 되면 언제나 우는 소리를 한다.

그러므로 과보호형의 부모 밑에서 자라난 내면아이는 오늘의 현실에 대처함에 있어서 어려움을 겪는다. 그들은 어린 시절에 누렸던 풍요를 누리지 못한다고 다른 사람을 헐뜯기 쉽다. 그들은 어린 시절에 친밀한 관계 속에서 살았기 때문에 성인이 되어서도 매력이 넘치고, 멋있게 보이며, 빨리, 그리고 쉽게 관계를 잘 맺는다.

그러나 그들은 어릴 때 누렸던 무한정의 물품과 봉사를 자기의 당연한 권리인 양 기대하지만 다른 사람과의 관계에서 자기의 헌신이 요구될 경우 그는 쉽게 대처하지 못하며, 종종 실망해서 상대방에게 등을 돌려버린다. 그들은 자주 자기와 가장 가까운 가족과 친구들에게 상처를 입힌다.

의욕이나 활력이 없어 소극적인 내면아이의 문제

첫째로 그들은 식사습관 때문에 고생한다.

과보호형의 부모 밑에서 자라난 내면아이는 대체로 비만증과 까다로운 식성을 가지고 있다. 과보호형의 부모는 자녀에게 음식이나 사탕이나 혹은 여러 가지 먹을 것을 푸짐하게 차려 주거나 잔치를 베풀어서 마음껏 먹게 해주는 것이 자녀에게 사랑을 베푸는 것이라고 생각했다.

그 결과 자녀가 좋아하는 음식을 골라먹는 것을 그대로 용납하고, 식성에 따라 먹게 함으로 고르게 영향을 섭취할 수 없었다. 좋아하는 음식을 가려먹는 것이나 식사의 습관은 아주 어린 시기에 형성된다. 많은 경우에 과보호형의 부모 밑에서 자라난 내면아이는 군대와 같은 조직 사회를 통해서 박탈당했다는 부당한 감정을 갖는다.

둘째로 그들은 음주 때문에 고생한다.

과보호형의 부모 밑에서 자라난 내면아이는 알코올 중독으로 고생할 수 있다. 음주란 여러 가지 다양한 원인 때문에 이루어지는 것이지만 그러나 과보호형의 부모 밑에서 자라난 내면아이는 자신의 권태와 고독과 소극성을 극복하려고 음주를 한다.

그렇게 되면 그는 알코올에 의해서만 살아있다는 느낌을 갖게 된다. 그러나 음주의 이와 같은 효과는 다만 일시적이다. 결국 알코올 중독은 안절부절 못하는 권태를 일시적으로 잊게 해줄 뿐이다.

셋째로 그들은 낭비벽이 심하여 고생한다.

과보호형의 부모 밑에서 자라난 내면아이는 낭비벽이 심하고 올바른 방법으로 돈을 관리할 줄 모른다. 그들은 새로운 것에 대한 흥미가 없다. 그리하여 권태와 불만이 찾아온다. 그들은 자기 부모가 했던 것처럼 여러 가지 새로운 물건을 구매하면서 자신의 끊임없는 불만을 해소하려고 노력한다. 그들은 꾸준히 일할 수 있는 능력이 없다.

그리하여 자신의 수입이 제한되어 있기 때문에 자기가 필요로 하는 재원을 위해서 다른 사람들의 도움에 의존할 수밖에 없다. 만일 그들에게 지출을 줄이라고 한다면 그들은 상대방에게 분노한다. 그들은 장기적인 안목으로 돈을 저축하기보다는 늘 불만을 충족시키기 위해서 새로운 물건을 구매하는 데 돈을 낭비하는 특징을 가지고 있다.

넷째로 그들은 많은 의복을 사는데 돈을 지출한다.

과보호형의 부모 밑에서 자라난 내면아이는 많은 의복을 사는데 돈을 지출한다. 특별히 여성들이 더 심한데 그것은 여성에게는 아무리 옷가지가 많아도 충분하지 못하다는 문화적 태도 때문이다.

보석이 박힌 옷이며, 여러 가지 새로운 장신구들은 이와 같은 문화적인 태도를 조장해 주고 있다. 여성들 사이에 자신의 옷차림이 그 해의 유행에 뒤지는 경우 자신은 박탈당했다는 느낌을 가져서 옷을 사는데 돈을 지출한다.

결혼생활과 성생활

그들은 사랑의 관계를 통해서 자신이 부모에게 받았던 것과 똑같이 무제한적인 애정과 물품과 봉사의 공세를 기대한다. 무엇보다도 그러한 관계를 통해서 자기 배우자가 자기 마음을 알아주기를 원한다.

그러나 자신이 어렸을 때 행동했던 것처럼 그 보답으로 자신이 무엇을 해야 한다는 필요성은 느끼지 못한다. 보답해야 한다는 필요성은 어린 시절에 자기 자신에게 요청되던 것이 아니기 때문이다.

그 결과 자신의 배우자도 양적으로나 질적으로 관심과 사랑을 받을 필요가 있다는 점을 생각하거나 인정하지 않는다. 만일 그들의 배우자가 자신의 기대를 충족시키지 못하면 그들은 실망하고 분노하며 안절부절 못하고 좌절한다. 그들은 자기 배우자가 그들에게 사랑과 좋아하는 음식과 돈과 온갖 안락함과 성적인 만족을 주지 않는다고 불만이 가득하다.

그들은 자기가 자신의 배우자를 실망시키고 있다는 사실이 자기 때문이 아니라고 변명하며, 자기로서는 어쩔 수 없는 일이라고 주장한다. 만일 배우자가 관계 개선을 위한 책임을 요구하면 자신의 배우자를 성가시고 지겨운 존재로 생각한다.

첫째로 그들은 주도적인 행동을 하지 못한다.
과보호형의 부모 밑에서 자라난 내면아이는 피로와 두려움과 선입견 같은 것으로 수동적인 사람이 된다. 그들은 특별히 애정을 베푸는 일과 성적인 관계에서 주도권을 행사할 능력이 없다.
그들은 자기에게 충분한 관심을 기울여 주고 자신의 필요성을 충분히 알고 있는 상대방이 주도권을 가지고 자기를 이끌어 주기를 바란다.

그들은 항상 다른 사람을 의존한다. 왜냐하면 그들은 다른 사람을 기대는 것이 습관화되어 있기 때문이다. 다른 사람에게 기대는 것이 편하기 때문이다.

그들은 소극적인 태도의 범위 안에서 애교 있고 동경하는 듯이 호소하는 방법들을 많이 개발하여 자신에게 주도권을 행사하는 사람들을 매료시키는 경우도 있다. 그들은 동정심을 자아내는 것에 재능을 가지고 있지만 그들의 일반적인 소극성과 권태를 느끼는 태도와 다른 사람에 대한 관심의 부족은 그들이 좋아하는 사람들로 하여금 그들의 곁을 떠나게 한다. 그런데 그들은 필요가 충족되면 충족될수록 더욱 소극적인 사람이 된다.

둘째로 그들은 항상 다른 사람을 의존한다.
행복하고 안정된 결혼생활에서 발견되는 것은 상호의존이다.
그러나 과보호형의 부모 밑에서 자라난 내면아이는 상대방에 대한 책임을 전혀 느끼지 못하거나 자신이 아닌 상대방을 염두에 두지 못한다. 그래서 그들은 상대방의 필요를 자신이 채워야 한다는 것을 매우 싫어한다.

그러나 자신은 상대방에게 노골적이고 공공연하고 일방적으로 의존한다. 모든 것을 상대방이 다 해주기를 기대한다. 관계유지를 위해서 자신은 어떤 책임도 떠맡지 않는다. 그들은 자기 배우자에게 매달려서 배우자가 자신의 필요를 채우도록 배우자를 이용한다.

그 결과 수많은 여인들이 자기 배우자가 어떻게 부부관계를 파괴시켰는지 오랫동안 지켜보고 "하지만 내 남편은 나를 몹시 필요로 하고 있어서 내가 그를 버린다면 내 남편은 엉망이 되고 말걸요"라고 말한다.

그러므로 과보호형의 부모 밑에서 자란 내면아이는 종종 다른 사람들로 하여금 그들에 대해 죄책감이나 미안한 감정을 느끼게 만들어서 상대방을 능란하게 조종하고 있다.

셋째로 그들은 인생에서 표류하고 있다.

과보호형의 부모 밑에서 자라난 내면아이는 자신의 인생에 어떤 방향을 제시해줄 주도권을 행사하지 못한다. 그들은 언제나 소극적이다. 그들은 행복한 관계를 위한 어떤 책임도 맡지 않는다.

그들은 종종 '그저 시간을 보내고 있는 중입니다'라고 말한다. 그들은 그저 다른 사람들이 살아가는 모습이나 지켜보고 있을 뿐이다. 그들은 고독하고 공허한 존재로 표류한다. 그들은 환경이 허락된다면 그들에게 무의미하고 아무런 도움도 되지 않는 사교활동에 시간을 낭비한다.

(의욕이나 활력이 없어 소극적인 내면아이의 치유)

그들은 먼저 자신의 행동방식이 과보호형의 부모 때문에 자신의 내부에 심어진 것이라는 것을 인식해야 한다. 그들은 자신들의 실상이 지난 날 부모들이 자신들을 과보호로 대하던 태도 때문이라는 것과 그것을 답습하고 있다는 것을 깨닫게 되면 어렵고 불안한 내적 갈등은 조금씩 줄어들 것이다.

그들은 무익한 자기비판과 자기멸시로 나아가려는 충동에 굴복하지 말아야 한다. 그리고 자기 안에 지나치게 과보호된 내면아이가 더 많은 방종을 원하는 불만스러운 요구들이 있다는 것을 정중하게 받아들이는 법을 배워야 한다.

그리고 타인에게 의존하려는 자신의 성향에 엄격한 제재를 가해야 한다. 그들은 자신의 권태로운 소극적 태도에 빠져들기보다는 다른 사람들과의 관계에 적극적으로 참여하고 호응해야 한다.

마치 엄마가 어린아이에게 걸음마를 가르치듯이 자신을 가혹하게 비난하고 열등의식에 빠지는 일 없이 참을성 있고 꾸준하게 발전해 나감으로써 그들은 지난 날 자신들의 소극적이고 의존적인 역할에서 느꼈던 것보다 더 심오한 만족감을 맛보기 시작해야 한다.

자신에 대한 부모로서의 새로운 태도를 받아들이는 데는 어려운 몸부림이 불가피하게 뒤따를 것이다. 그런 가운데 그들은 소극적이고 의존적인 역할을 하면서 느꼈던 자신의 친숙하고 편안한 감정이 주는 안도감을 잃겠지만 과거에는 언제나 지겨운 고난으로 여겼던 책임과 노력을 떠맡고 힘써야 한다.

그들은 이 같은 내적 갈등을 통해 빠른 시일 내에 보상을 받을 수는 없다는 점을 깨달아야 한다. 최초의 만족은 더디 찾아오겠지만 걸음마를 배우는 어린이가 걸음마를 배울 수 있는 것처럼 과보호형의 부모 밑에서 자라난 내면아이도 참된 의미의 만족을 얻게 될 것이다. 그 때 진정한 기쁨이 무엇인지 깨닫게 될 것이다.

아픔, 통증, 질병으로
튼튼하지 못하고 약한 내면아이

튼튼하지 못하고 약한 부모 밑에서 자라난 내면아이는 항상 자신의 건강문제를 걱정한다. 항상 기분이 좋지 않아서 활동할 수가 없다. 자신이 쉽게 피곤하고 끊임없이 자신을 스스로 진단하고 자신의 몸의 상태를 질병과 관련지어 생각한다. 불안하고 소심하고 병실적인 분위기에서 어린 시절을 보낸 내면아이는 자신의 하찮은 아픔이나 통증을 과장하는 습성에서 벗어나지 못한다. 그들은 온갖 증세를 호소한다.

"나의 머리가 아프다, 배에서 꼬르륵 소리가 난다, 오늘 아침에도 제시간에 용변을 보지 못했다, 손이 차다, 다리가 저리다, 등이 피곤하다, 아무래도 시력이 걱정이 된다, 무릎이 아프다, 신경이 곤두선다, 압박감을 느낀다."

그들은 이러한 증세가 병에 걸렸거나 혹은 걸릴 조짐이라고 믿기 때문에 자기 자신에 대하여 조심하고 유순하게 대처한다. 그들은 자기의 신체 기관이 정상적으로 제 기능을 발휘하는지 늘 염려한다. 약간만 이상이 있는 것처럼 느껴져도 중대한 질병에 걸린 것처럼 과장한다.

그들은 영양제와 여러 가지 약들을 복용함으로써 여러 가지 질병이나 상습적인 피로감을 막으려 한다. 튼튼하지 못하고 약한 부모 밑에서 자라난 내면아이는 성장하면서도 부모들이 그들을 대하던 자세와 동일한 자세로 불안하고 소심한 태도로써 자신을 대하고 있는 것이다.

그 결과 자신은 많은 일을 할 수 없다고 느끼며, 노동과 성생활과 여과 활동 등을 포함한 여러 가지 활동들을 맥없이 포기해 버린다.

아픔과 통증과 질병으로 튼튼하지 못하고 약한 내면아이의 특징

튼튼하지 못하고 약한 부모 밑에서 자라난 내면아이는 자기의 아픔이나 고통을 과장하면서 그것들에게 굴복한다. 그들은 막연한 증세에 포로가 되어 인생을 살아가는 활동에서 뒷전으로 물러선다. 하찮은 아픔이나 고통을 과장해서 받아들이는 이러한 태도는 어린 시절에 튼튼하지 못하고 약한 부모 밑에서 자라난 내면아이의 특징이다.

이들의 건강에 대한 두려움은 때가 되면 만성적인 우울증을 가져오는 중대한 요인이다.

만일 당신이 병에 걸리기를 고대하고, 당신으로 하여금 사회적인 직분을 맡거나 직업을 가질 수 없게 만들어 줄 통증이나 고통이나 혹은 다른 증세를 찾는다면 그런 태도는 당신이 어렸을 때 튼튼하지 못하고 약한 부모에게 영향을 받았음을 보여주고 있다. 이들은 자신이 아픔을 과장한다는 사실을 알고 있으며, 여러 가지 약을 복용하는 것과 자기 직분을 다하지 못한다는 것을 부끄럽게 여긴다.

또한 아픔과 통증이 자신에게는 실제적이기 때문에 많은 사람들은 자신이 튼튼하지 못하고 약한 부모 밑에서 자라난 내면아이라는 것을 제대로 알아차리지 못한다. 그들은 자신이 할 수 있는 일이 얼마나 많은가를 분명하게 알아야 한다. 또한 자기 자신이 얼마나 자주 자신의 무능함을 건강하지 못한 이유라고 핑계를 되고 있는지 알아야 한다.

어떤 부인은 자신의 튼튼하지 못하고 약한 태도를 깨닫고 다음과 같은 말을 했다.

"어느 날 나는 나 자신에게 귀를 기울이고, 나의 모든 불평을 들어보았다. 잠자리에서 일어나서 나 자신에게 하는 불평소리, 남편에게 하는 불평소리, 이웃에게 하는 불평소리, 숙모에게 하는 불평소리, 자식들에게 하는 불평소리를 다 들어보았다.

그리고 그 날 저녁에 '오늘의 불평소리'라는 제목으로 종이에다 그 모든 불평을 다 적어 보았다. 나는 내가 말을 건넨 사람들을 모두 열거해 보았으며, 내가 했던 불평들을 다 열거해 보았다.

그렇게 모든 것을 열거해 본 다음에 나는 내가 과장하고 있었다는 것을 깨달았다. 나는 우체부 아저씨에게 내가 눈병을 앓고 있노라고 이야기까지 했다. 만일에 그 모든 불평들이 내게 이상이 생겨서 일어났던 것이라면, 나는 벌써 병원에 입원해 있어야 할 것이라는 점을 깨달았다.

그러나 만일 어떤 사람이 '우리가 당신을 병원에 모셔다 드리겠소'라고 나에게 말한다면 나는 펄쩍 뛰면서 병원에 가기를 거부했을 것이다. 왜냐하면 나는 그렇게까지 아프지는 않았기 때문이다."

그렇다면 왜 많은 사람들이 신체적으로는 건강한 데도 건강이 나쁘다고 말하며 막연하게 어디가 아프다고 말하거나, 수술을 받아야겠다고 말하거나, 불행하다고 투덜투덜 불평하면서 인생을 살아가고 있을까? 그것은 대부분의 경우 어린 시절 튼튼하지 못하고 약한 부모 밑에서 자라난 가정의 분위기가 있었기 때문이다.

당신의 어린 시절은 어떠하였는가?
질병에 대한 당신의 부모의 태도는 어떠하였는가?
그들은 건강한 편이었는가?
아니면 건강이 나쁘다고 하소연하였는가?

그들은 당신이 춥거나 비가 오는 날씨에
특별히 조심하라고 타일렀는가?
힘에 부치는 동급생들을 조심하라고 타일렀는가?
그들은 당신이 아프게 보인다고
학교에 나가지 말라고 하지는 않았는가?

당신은 그들이 병균에 대하여 또한 그 병균들로부터
당신을 보호하기 위하여 취한 대응책들을 기억할 수 있는가?
당신은 당신의 건강에 대한 부모들의 우려를 이용하여 집안일이나
숙제와 사회적인 의무의 일들을 면제받으려 한 적이 있었는가?
이제 당신은 성인으로서 당신 부모들의 건강에 대한 관심이
너무 지나친 것이었다고 규정할 수 있겠는가?

당신의 현재 생활은 어떠한가?
당신은 신체적인 결함이 없어 보이는데도,
아픔과 고통으로 시달리고 있지 않는가?
당신은 항상 자신의 건강을 걱정하는 편인가?
당신은 혹시 "만일 내 건강이 허락된다면"이라는 단서를 붙여서
약속을 하는 편인가?
당신은 자신의 건강 문제를 너무 지나치게 걱정하는가?

당신이 알고 있는 어떤 사람이 병을 앓고 있음을 알게 되면

당신도 역시 그 병에 걸리지나 않았는지 걱정하는가?

당신은 좋지 못한 건강 때문에

당신 자신이 하고 싶은 일을 못하고 있는가?

당신은 불평이 많은 편인가?

당신은 주기적으로 조제된 약을 복용하는가?

당신의 약상자는 각종 병에 대한 치료약으로 가득 차 있는가?

어떤 질병에 대한 기사를 읽거나 TV을 통해 의약품을 보면

그 내용이야말로 당신이 직면하고 있는 문제를 지적한 것이라고

생각하는가?

만일 당신이 당신의 어린 시절에 관한 질문의 대답들을 통해서 당신의 부모가 건강에 지나치게 관심이 많았고, 병에 걸릴 위험을 항상 경계해 왔다는 것을 발견했다면 당신은 아마도 당신 자신이 튼튼하지 못하고 약한 부모의 태도를 답습했다고 깨닫게 될 것이다.

그러므로 당신의 어린 시절에 관한 질문들과 당신의 현재 생활에 관한 질문들을 주의 깊게 살펴보아야 한다.

아픔과 통증과 질병으로 튼튼하지 못하고 약한 내면아이가 받는 영향

튼튼하지 못하고 약한 부모 밑에서 자라난 내면아이들은 의욕이나 활력이 없어 고생한다. 그래서 그 의욕이나 활력이 없는 것은 일을 하는 능력에 가장 심각한 타격을 가한다. 또한 사회적으로 활동하거나 성적인 부부관계에도 큰 타격을 받는다.

첫째로 그들은 의욕이나 활력이 없어 일을 하지 못한다.

그들은 일하는 데 있어서 가장 큰 어려움에 부딪치게 된다. 그들은 너무나 아프고 허약하며 피로하다고 느껴 아프다는 구실로 자주 결근을 하거나 자기 업무를 충분히 해내지 못한다. 또한 작업성과의 능률이 오르지 못하고, 일이라는 것을 힘든 짐으로 간주하기 때문에 그들은 자기의 노력을 통해서 아무런 만족을 느끼지 못한다. 그들은 일을 감수해야 하는 일상의 수고라고 생각하지 않고 일의 힘든 면만을 과장한다.

둘째로 그들은 의욕이나 활력이 없어 사회적 활동을 하지 못한다.

이들은 자기의 허약한 건강 때문에 사회적인 활동에 만족스럽게 참여하지 못한다. 그들은 자기도 그런 일에 참여할 수 있기를 바라지만 자신의 건강을 믿지 못한다. 그래서 사회활동에 제약을 받는다.

그러나 다른 사람들이 솔선해서 자신들을 찾아와 그들의 가련한 하소연에 동정하며 귀를 기울여 주면 그들은 대단히 만족해한다. 그들은 신체적으로 성장했어도 부모의 곁을 떠나지 못한다. 그들은 부모의 보호 아래 그대로 남아 있다.

셋째로 그들은 결혼생활과 성생활을 잘하지 못한다.

많은 경우 그들은 결혼생활을 잘하지 못한다. 그들의 배우자들은 결혼생활에서 평생의 반려자가 아니라 동정심 많은 간호사가 되어야 한다. 그 결과 그들의 배우자들은 결혼생활에서 괴로움을 당하고 행복의 기회가 사라지며 정상적인 결혼생활을 할 수 없게 되고 착취당했다는 생각을 하게 된다. 결국 부부관계는 악화되고 성적인 관계는 일체 생략하게 되는 경우도 있다.

그들은 사회적인 활동을 하기에는 자신들의 건강이 충분하지 못하다고 말하며, 두통과 요통이 있다고 말하며, 피로하다고 끊임없이 하소연하여 여성들은 성관계에서도 역시 고통을 느끼며 견디지 못한다. 혹은 성관계를 자기의 의무라고 생각하여 기쁨이나 만족을 느끼지 못하고 반응만 보일 것이다.

순교자와 같은 기분으로 대하는 아내의 자세로 인하여 가해자의 역할을 하게 된 남편은 실망하여 부자연스럽고 불행하다고 느끼게 된다. 남편은 아내의 허약한 건강이 회복되기를 바라겠지만 아무리 치료해 보았자 별 도움이 되지 못하며, 그 결과 결혼생활은 더욱 악화된다.

그들 중에 어떤 여성은 종종 자기가 해야 할 가정의 일이며, 시장보기를 하지 못하는 경우도 있다. 이것 역시 결혼생활을 악화시키는 요인이다. 종종 남편이 가정의 모든 일을 떠맡을 수밖에 없는 경우도 있다. 마찬가지로 그런 남편을 둔 아내는 자신이 생활비를 조달해야만 되는 경우도 있다. 만일 튼튼하지 못하고 약한 배우자가 피로감으로 하소연한다면 아내를 돕지 못하고 가정에 불안감을 조장하게 된다.

그들은 직장에서도 승진하지 못하고 낙오자가 된다. 그들은 언제나 사소한 아픔이나 고통을 내세우고, 부어오른 곳이나 멍든 데를 과장할 것이며, 새로운 증세를 엄살로 호소할 것이며, 부드러운 보살핌과 동정과 관용을 요청할 것이다.

(아픔과 통증과 질병으로 튼튼하지 못하고 약한 내면아이의 치유)

먼저 왜 자신에게 튼튼하지 못하고 약한 태도가 몸에 습관화되었는지를 이해해야 한다. 튼튼하지 못하고 약한 태도를 지닌 내면아이는 대부분의 경우 부모가 표현하여 들은 질병을 두려워하는 태도에서 유래되었다. 자기에 대한 모든 것을 알고 있는 부모에게 의욕이나 활력이 없어 의존하는 자녀는 자기 부모의 불안해하는 태도를 그대로 받아들여 따르며 부모를 모방한다.

이렇게 함으로써 자녀는 부모와 가깝다고 느끼며, 자기가 알고 있는 유일한 성인들이며, 자기의 보호자인 부모를 그대로 좋아한다. 성인이 되어 자기 자신에게 부모 노릇을 할 때 부모의 태도를 그대로 답습한다.

그러므로 자기 자신에게 부모 노릇을 할 때 자기에게 있는 불평의 근원을 깨닫고, 조심스럽게 그런 불평을 떨쳐 버리고, 성인으로서 누릴 수 있는 만족을 추구해 나가는 것이 바람직하다.

만일 그러한 불평들을 난폭하고 모욕적으로 밀어내거나 무시하거나 부인한다면 그것들이 다시 되살아날 것이다. 그리하여 실제적으로 병으로 발전하면 그 때는 걷잡을 수 없이 요구만 하게 될 것이다. 즉 지난날의 어린 시절의 태도가 되살아나게 될 것이고, 그렇게 된다면 이번에는 극복하기가 참으로 어렵게 될 것이다.

또한 그들은 자기가 아픔과 고통을 과장하고 있음을 깨달아야 한다. 그들은 자신이 소극적이며, 제한적으로 자신을 포기하기 때문에 인생에서 크나큰 만족을 놓치고 있다는 것을 절실하고 강하게 느껴야 한다. 그 때 피로하더라도 이에 굴하지 않고 싸우겠다는 결단을 해야 한다.

그들은 먼저 자기의 증세에 대한 의사의 객관적인 검진과 판단을 합리적이고 과학적인 것으로 받아들여야 한다. 그들은 자신에게 영향을 끼치고 이러한 태도를 갖게 해준 사람은 튼튼하지 못하고 약한 부모가 결정적인 역할을 한 것이라는 것을 알아야 한다.

그 다음에 자신이 가지고 있는 증세를 과장하는 습성을 자세히 알아야 한다. 그들은 자신의 증세 때문에 각종 의무에서 면제되고자 하는 원인들을 알아차리고 성숙한 사람으로서 목표를 달성하는데 적극적으로 참여하기 위해 열심히 노력해야 한다.

그들은 하소연을 함으로써 다른 사람들에게 동정과 관용을 얻으려는 노력을 포기해야 한다. 그런 노력은 죄책감을 키워줄 뿐이다. 그들은 자신이 설정한 목표를 달성하려고 적극적으로 노력함으로써 얻는 만족이 친구들의 동정심과 관용에 의존하는 만족감보다 더욱더 크다는 것을 깨달아야 한다. 그들은 이와 같은 노력이 장기간에 걸친 투쟁이 되리라는 점을 알아야 한다.

그리고 어린 시절의 감정을 존중하는 안목을 길러야 한다. 우리는 성숙해지려는 마음 때문에 어린 시절의 잘못된 감정을 부끄러워할 수도 있겠지만 당신 자신이 그런 감정들을 짓눌러 버리며 면박을 주고 무시하려 한다면 당신 자신이 불행에 빠지고 소외당할 것이다. 그렇기 때문에 인생에서 만족을 얻기 위해 당신은 당신의 부모로부터 형성된 당신의 내면아이를 겸손하게 받아 들여야 한다.

보복하려는 증오심으로
가득 찬 내면아이

징벌을 자주 하는 율법주의적인 부모 밑에서 자라난 내면아이는 자신의 과거에 일어난 일에 대하여 보복하려는 특성을 가지고 있다. 그들은 자신이 착하지 못하고 악하다고 생각한다.

그러므로 자신을 처벌하고 다른 사람에게도 처벌을 받고 있으며, 자주 보복하고자 하는 증오심이 가득 차 있다. 그들은 세상에 대하여 보복하고자 하는 마음을 가지고 있다. 왜냐하면 그들은 엄격하고 가혹하며 징벌 지향적인 환경에서 자랐기 때문이다.

당신은 계속해서 당신 자신을 꾸짖고 있지는 않는가?

부모가 매를 아끼면 자녀를 버린다고 생각하는 문화권에서 양육된 사람들은 그런 매질을 어른이 된 자신에게 계속 적용한다. 이것은 바로 자신이 어렸을 때 자신을 다루도록 길들여진 방법이다.

율법주의적인 부모 밑에서 자라난 내면아이는 자신이 어렸을 때 자신의 가정의 특징이었던 지나친 징벌이 없으면 불안해하고 죄책감을 느낀다. 호된 꾸지람과 모진 매질과 근엄한 도덕적인 교육은 자녀에게 자신이 악하다는 점을 깊이 확신시킨다.

당신이 당신 자신에 대하여 징벌 지향적인 사람이 아닌지에 대하여 아는 것은 당신이 성인으로서 현재에 어떤 감정을 느끼고 있느냐에 달려 있다. 그 감정들 중에 가장 중요한 것은 죄책감과 보복심과 공포감이다.

첫째로 그들에게는 죄책감이 있다.

부모의 지나친 징벌은 자녀에게 자신이 나쁘다고 생각하며, 자신은 작은 악마와 장난꾸러기이며, 끝없이 나쁜 짓을 하고 있어서 호되게 매를 맞을 사람이라고 느끼게 한다. 그들은 어른이 되어서도 자신이 아무런 잘못을 하지 않았음에도 불구하고 계속해서 죄의식을 느끼게 된다. 자신이 어떤 일에 대해서 즐거움을 느낀다면 자신은 나쁜 사람이라고 생각한다.

그러므로 그들은 자신의 부모로서 자신을 대할 때 더 엄격하고 도덕적이며 징벌 지향적이다.

그들은 자신에 대하여 그의 부모가 한 때 말했던 것처럼 "나는 악한 사람이다, 나는 못된 사람이다, 나 자신이 수치스럽다, 나는 착하지 않다, 나는 전혀 쓸모가 없다"라고 말한다.

그들은 실제로 나쁜 짓을 하지 않았더라도 죄책감을 느낀다.

그들은 하루의 일과를 열심히 일하여 다 마치고도 만족하지 못한다. 자기들이 빈둥빈둥 놀았고 윗사람을 속였다는 감정으로 죄책감을 느낀다.

이러한 죄책감은 어른이 되어서도 "나는 아주 문제가 많은 사람이다. 나는 너무나 별 볼일 없는 사람이다."라고 말하며, 열등의식에 사로잡힌다. 죄의식을 느끼는 사람들은 자신을 아예 존중하지 않는다. 그들은 자신의 나약함이나 결점에 관심을 두며, 자기가 성취한 일들은 무시한다. 이렇게 하는 것은 그들의 부모들이 그들을 대하였던 방법이었다.

만약 다른 사람들이 그들의 업적을 칭찬하면 그들은 죄책감을 느끼고, 자신이 얼마나 악한 사람인가를 말한다. 또한 수많은 기혼 여성들이 성관계를 즐길 때나 순간적으로 자기의 남편보다도 다른 남자들에게 마음이 더 끌릴 때 자신을 창녀와 같은 여자라고 생각한다.

남자나 여자나 자신의 어린 시절의 죄의식은
성적인 반응을 마비시킨다.

뿌리 깊은 죄책감과 자신을 무가치하게 생각하는 감정은 아무것도
즐길 수 없게 만들어 버린다. 그러므로 삶의 환경에서 많은 즐거움을 제
한하고 상당히 의기소침한 가운데 생활한다.

둘째로 그들에게는 보복하려는 마음이 있다.

당신이 만일 어렸을 때 지나친 처벌을 많이 받았다면 당신의 내부에
는 증오심이 가득 차 있다. 이 증오심은 비난과 반항과 심한 불평과 시
기나 질투와 세상에 대한 복수하고자 하는 강한 마음이다.

부모가 만약 자녀를 사랑하고 그 사랑을 실천한다면 자녀에게 내리
는 징벌은 자녀의 잘못을 교정하게 하지만 부당하고 지나친 징벌에 대
한 자녀의 반응은 보복하고자 하는 강렬한 마음이 생기게 하여 징벌형
의 부모를 미워한다. 그러므로 그들은 이렇게 말한다.

"당신이 지금은 나보다 크기 때문에 나를 야단칠 수 있겠지만, 내가
힘이 더 세어질 때까지만 기다리시오. 그 때에는 내가 당신에게 보복할
것이오."

징벌이 부당하면 부당할수록 보복의 불꽃은 더욱 맹렬하게 타오를 것이다. 혹독한 벌을 받은 자녀는 복수를 꿈꾸게 된다. 이러한 보복은 여러 가지 방법으로 드러난다. 자기보다 작거나 약한 사람들에게 자기가 처벌받았던 그대로 처벌하는 방향으로 발휘될 수도 있다.

또한 가정에서 물건을 훔치거나 집안을 난장판으로 만들고, 자기에게 부과된 규율을 위반함으로써 부모들을 실망시키고 속상하게 만든다. 그들의 보복은 흔히 금지된 것이면 무엇이나 하려고 한다.

그러므로 그들은 자신들의 보복 지향적인 충동의 근원을 깨달아야 한다. 그들의 보복적인 태도는 친밀한 가족관계를 파괴하고 파멸을 초래하게 된다.

보복 지향적인 충동은 젊은 범죄자들의 삶에서 발견된다. 그들의 범죄는 그들이 어렸을 때 보복하지 못했던 과도하고 잔인한 징벌에 대한 복수심으로 생겨난다. 그들은 자신들의 부모에 대한 맹목적인 증오심에서 사회에 보복하는 것이다. 그러나 그들의 범죄는 그들에게 만족감을 주기보다 죄책감을 더 느끼게 만든다. 그러한 범죄는 그들의 악함을 확인시켜주고, 그들에게 죄책감을 더 느끼게 하고, 그들 자신을 상처받은 사람으로 만든다. 또한 이러한 보복 지향적인 충동은 다른 사람들에게 비난과 독선으로, 또 징벌적인 태도로 나타나며, 시기와 질투로 나타나며, 간통과 성적인 불장난으로 나타난다.

셋째로 그들에게는 공포심이 있다.

징벌적인 환경에서 자라난 자녀는 죄책감과 공포심을 느끼면서 성장한다. 그들은 어느 누구도 신뢰하지 않으며, 자신의 정체가 드러나고 처벌받게 될까 두려워한다. 그들은 보복하고자 하는 자신의 감정들을 두려워한다.

만약 당신에게 이러한 숨겨진 죄책감과 보복하고자 하는 감정 때문에 공포심과 긴장감이 있다면 당신의 어린 시절에 당신의 가정에 징벌적인 행위가 있었다는 증거가 된다. 당신은 아직도 부모들의 가혹함이나 엄격한 규율 때문에 그들에게 보복하고자 하는 마음이 있겠지만 이제부터라도 당신 자신에게 더 상냥한 부모가 되어야 한다.

부모의 지나친 징벌은 당신의 긍정적인 자아상을 파괴한다. 혹독하게 처벌받은 자녀들은 보복하고자 하는 마음과 죄책감과 자신이 가치가 없다고 느끼기 때문에 자신의 능력을 발휘할 수 없다.

일반적으로 인간의 무한한 능력은 징벌 위주의 가정교육과 지속적인 징벌 때문에 사라지고 있다. 이제 그들은 자신에게 상냥하고 이해심 많은 부모가 됨으로써 인간의 무한한 능력을 되찾아야 한다. 당신은 성인으로서 당신 자신에게 상냥하고 이해심 많은 부모 노릇을 해야만 당신의 잘못된 함정에서 빠져 나올 수 있다.

징벌적인 태도

지나친 징벌이란 부모가 자신의 반복되는 개인적인 적개심과 공격적인 감정을 자녀에게 지나치게, 엄격하게, 단호하게, 가혹하게, 계속적으로 발산하는 태도이다. 징벌적인 부모는 대개 자신의 자녀를 사랑하고 돌본다. 그들은 자녀의 행복과 안전을 위해서 징벌을 행한다고 주장한다. 그들은 자기 자녀들에게 욕설과 매질을 퍼부으면서도 그 모든 것은 자녀가 잘되라고 하는 것이라고 소리 높여 말한다.

그러나 징벌적인 행위는 자녀를 쓸모없고, 악하고, 사랑 받을 가치가 없는 존재로 매도하는 것이다. 또한 징벌적인 행위는 자녀의 감정이나 관심사를 존중하지 않으며, 자녀로 하여금 거짓말을 하게 하거나 속임수를 쓰게 만든다.

그러나 부모의 징벌적인 행위도 이해해야 한다. 그들은 그들의 부모들로부터 당신과 비슷하게 학대받았을 가능성이 많다. 징벌적인 행위는 흔히 부모가 실망했거나, 자존심이 상했거나, 좌절했거나, 개인적인 삶에서 해결되지 않은 문제 때문에 자신의 적대감과 공격적인 성향을 교육이라는 이름으로 자녀들에게 발산할 때 일어난다.

그러나 때로는 자녀가 다른 것에 몰두해 있는 부모에게 관심을 끌기 위해서 미숙한 행동을 함으로써 부모가 징벌적인 행위를 하도록 만드는 경우도 있다.

또한 부부간의 불화와 직장에서의 고민과 늘어나는 지출과 부모의 삶에서 벌어지는 사건들과 사회에서 발생하는 범죄 사건들 때문에 일어나는 경우도 있다.

많은 부모들이 자기의 자녀들에게 적개심을 품는 것은 자녀들이 자신들을 불편하게 만들고, 당황하게 만들고, 부모가 하기 원하는 일을 하지 못하게 만들기 때문이라고 말한다. 이러한 점들이 자녀로 하여금 부모의 적대감 대상이 되게 하는 것이다. 또한 자녀는 스스로 방어할 힘이 없고 부모에게 매우 의존적인 존재이기 때문에 부모의 좋지 않은 감정을 폭발하는 대상이 되는 경우도 있다.

징벌적인 행위는 자녀를 매질하는 것이 부모의 책임이며, 자녀를 키우는 적절한 방법이라고 믿는 부모의 믿음에서 생겨난다. 이들은 징벌이 가장 훌륭한 가르침이라고 믿는다. 왜냐하면 아픈 것은 오래 기억되기 때문이다. 이러한 부모들은 지나치게 엄격하여 자녀들에게 다음과 같이 말한다.

"너는 규칙을 알고 있겠지. 그리고 규칙을 어겼을 때 받는 처벌도 알고 있겠지. 네가 규칙을 어겼으니 이제는 벌을 받아야 한다. 아프겠지만 이 벌은 네가 잘못해서 받는 것이다."

그러나 자녀들은 그러한 규칙을 지키기에는 너무나 미숙하다는 것을 알아야 한다. 부모들의 규칙들은 가벼운 쪽으로 정해지지 않는다. 그러나 자녀가 규칙을 어기면 징벌은 꼭 이루어진다.

그러한 가정에서는 어머니가 하루의 규칙 위반 사항들을 아버지에게 보고하고 아버지는 징벌을 실행한다. 그러나 그러한 가정은 심리적인 면에서 볼 때 감옥과 같은 것이다. 이들은 징벌을 가장 좋은 가르침이라고 말한다.

어떤 부모는 자녀의 사소한 규칙위반에 비해 징벌을 너무 과격하게 행한다. 그리고 그 징벌이 부당했다는 점을 알고는 자녀를 징벌한 것에 대한 죄책감을 씻기 위해서 자녀를 지나치게 방임하기도 한다. 성인들의 삶에 있어서의 실망이나 좌절에서 오는 징벌의 행위는 일관성이 없다. 자녀의 잘못보다는 부모의 내적인 감정의 기복이 심하여 자녀를 가혹하게 징벌하는 경우도 있다.

이러한 부모들은 자녀의 나쁜 행실에도 자신의 기분이 좋으면 웃어 넘긴다. 따라서 징벌과 보복은 악순환 된다.

만약 당신이 당신 자신에게 부모 노릇을 한다면 당신 자신을 처벌하는 몇 가지 방법들을 가지고 있을 것이다. 당신은 과거에 당신의 부모가 선택했던 방법을 선택하여 당신 자신을 처벌하려 할 것이다.

당신의 부모들이 일관성을 보이지 않았다면 당신도 그렇게 할 것이다. 당신의 부모들이 당신의 필요들을 무시하고 엄격한 규칙으로 당신을 대하였다면 당신도 그렇게 할 것이다. 또한 당신은 비만증에 걸린 수많은 사람들이 다이어트를 실시할 때 그렇게 하는 것처럼 계속해서 자신을 처벌하는 방식으로 나아가다가 그 다음에는 자신을 지나치게 방임하기도 할 것이다.

또한 열등의식이 강하고 죄책감에 시달리며 자신을 무가치하게 대하는 사람들이 자기를 지나치게 처벌하는 경우도 있다. 보복심이 강한 사람은 다른 사람들에게 욕설을 퍼붓고 잔인하게 대하며 다른 사람들에게 상처를 입힌다. 만약 당신이 당신의 보복적인 원인이 어린 시절에 겪었던 지나친 징벌에 대한 보복으로 생겨난 것이라는 것을 깨달았다면 당신은 다른 사람에게 그리고 당신 자신에게 폭언을 퍼붓고자 하는 욕구를 감소시킬 수 있다.

사람들이 자신을 처벌하는 가장 일반적인 방법은 일중독에 빠지는 것이다. 어떤 사람들은 자신의 어린 시절에 이루어진 보복적인 감정을 충족시키기 위하여 다른 사람들에게 심하게 일을 시키는 경우도 있다. 수많은 사람들이 힘들고 하기 싫고 육체적으로 고된 일을 하면서 자기는 악하며 착하지 않다는 것을 떨쳐 버리려고 노력한다.

많은 사업가들이 자신의 복수심을 가지고 냉혹하게 상대방을 쓰러뜨리려고 노력한다. 그들은 봉급이나 경력이나 봉사보다도 상대방을 굴복시키는 데에 더욱 관심을 가진다. 그들은 잠이 깬 채 누워서 경쟁상대에게 치명적인 일격을 가하려고 계획을 세운다.

징벌적인 환경에서 자라난 많은 사람들이 착취당하고 혹사당하는 일을 하게 되는 경우가 있다. 흔히 교육을 받을 기회가 적었던 사람은 열등의식과 무가치감이 강하여 그러한 상황에 처한다. 그들은 자신들이 어렸을 때 생각했던 것처럼 자신들은 착하지 않고 아무런 권리도 없으며 학대를 받는 것이 자기 삶에 주어진 인생의 대가라고 생각한다.

보복하려는 증오심으로 가득 찬 내면아이의 결혼생활

징벌적인 행위의 특징들 가운데 하나는 직장에서나 혹은 가정 이외의 장소에서는 아주 분별력 있게 행동하는 사람들이 가정에서 배우자와 자녀들과의 관계에서는 드러나게 징벌적인 태도를 취하고 적대적이라는 점이다.

그러한 사람들은 징벌과 보복의 순환이 가정 안에서만 일어난다. 그들이 결혼하여 가정을 이루면 과거에 그가 살았던 가정과 대단히 유사한 환경이 생겨난다.

가정에서나 배우자의 역할에서 바람직하지 않은 행동은 자신이 어린 시절에 배운 대로 반복하는 것이다. 수많은 성인들이 자기 배우자에게 사소한 일로 욕설을 퍼붓는 것은 자신의 내면아이의 학대받은 감정에 대한 보복으로 이루어진다.

어떤 여인이 어렸을 때에 징벌로써 청소를 했다면 깔끔하지 못한 주부가 된다. 그런 여인은 청소를 하지 않음으로써 보복을 하고 있는 것이다. 하지만 이와 같이 깨끗하지 못한 태도는 남편을 분노하게 만들어 자기 어머니에게 들었던 깨끗하지 못한 여자라는 말을 다시 자기 남편으로부터 듣게 된다. 그러면 그런 여인은 힘이 다 빠질 때까지 자신을 처벌하는 마음으로 온 집안을 청소함으로써 죄책감을 없애려 한다.

어떤 남편은 자신이 어렸을 때 몹시 가혹하게 대우를 받으며 성장했기 때문에 지금에 와서는 정기적으로 자신의 아내를 구타하는 경우도 있다. 이것은 자신의 어린 시절에 형성된 보복심을 해소하는 것이다.

그러면 왜 아내가 그 대상이 될까?
그 이유는 아내가 가정이라는 환경과 밀접한 관련이 있기 때문이다. 이러한 사람은 자기 아내를 구타하고 매우 큰 죄책감을 느낀다. 그리고 그들은 자기 자신에게도 온갖 저속한 욕설들을 퍼붓는다. 그들은 날마다 자기가 얼마나 악하며 얼마나 잔인한지를 자기 자신에게 상기시키고 자신을 처벌한다.

또한 징벌에 대한 보복은 분별없는 낭비나 심지어는 무모한 운전과 알코올 중독과 성적인 타락의 형태로 나타나는 경우도 있다. 또한 결혼에 대한 신의를 저버리고 간음을 행하는 경우도 있다. 그러나 자신의 보복적인 원인을 이해하고 그것을 처리하는 방법을 배우지 않는 한 결혼관계는 파괴된다.

그들은 대부분 성생활을 잘하지 못한다. 배우자에게 상처를 입히고 상처를 입는 경향성은 성적인 관계에서 자주 발생한다. 징벌 지향적인 부모는 사랑과 애정을 지나친 징벌과 혼합시킨다. 그래서 육체적인 고통과 학대가 사랑하고 사랑 받는다는 감정과 혼합되어 나타난다. 그들은 사랑하는 마음에서 신체적으로 난폭하게 다루고 꼬집고 때리는데 익숙하다.

내면아이는 침실에서도 문제를 일으킨다. 만일 당신의 과거의 환경이 사랑과 징벌이 혼합되어 있었다면 당신의 배우자와 성적인 관계에서도 보복적이고 징벌적인 감정이 나타나게 된다. 결혼생활에서 나타나는 질투심 또한 어린 시절에 받은 가혹한 징벌을 해소하지 못하여 타오르는 보복적인 감정에서 나온다.

징벌적인 그 행위 자체로는 아무런 효과가 없다.
그러나 증오심과 두려움을 가르치는 데는 100% 효과가 있다.

그러면 징벌적인 행위는 교육으로서 왜 효과를 나타내지 못할까?

징벌적인 행위는 전적으로 부모의 힘에 근거하지만 이러한 부모의 힘은 자녀의 필요를 위해서 사용되는 것이 아니라 어른의 필요를 위해서 사용되기 때문이다. 그 결과 자녀가 신체적으로 성장하여 힘이 있으면 부모는 자녀에게 더 이상 신체적인 징벌을 실행할 수 없다.

그러나 자녀가 신체적으로 힘이 없을 때에는 부모의 징벌적인 행위에 이나 무례함이나 난잡함이나 태만 등으로 보복한다.

만약 청소년들이 보복으로 죄를 범하면 신문이나 방송의 언론들은 경찰이 강경하게 대처할 것과 부모들이 더욱 엄격한 대책을 세우도록 요청하는 경우가 있다. 그러한 청소년들을 단호하게 다스리라고 소리를 높여 외친다. 그래도 청소년들은 보복적인 차원에서 죄를 범한다.

하버드 대학교에서 연구한 결과에 의하면 현재 감옥에 수감되어 있는 비행 청소년들의 60-90%는 체포 당시 이미 지속적으로 신체적인 징벌을 받았다고 보고한다.

그러므로 우리는 징벌을 통하여 청소년들을 가르치는데 실패하였다는 사실을 인정해야 한다. 그리고 그들을 악하고 좋지 않으며 위험한 아이들이라고 단정을 지어서는 안 된다.

그래서 그들의 보복적인 충동들을 억제하지 못하여 참으로 위험한 존재로 여기고, 그들을 교도소로 보내지만 징벌적인 행위의 방법으로는 그들을 올바르게 교육할 수 없다는 사실을 바로 알아야 한다.

자녀들을 믿어 주지 않는 것도 큰 문제다. 자녀의 실패나 불완전을 예상하는 부모들은 자녀를 믿어 주지 않는다. 많은 부모들이 자기가 등을 돌리기 무섭게 자신의 자녀들이 자신의 말을 듣지 않을 것이라고 확신한다. 자녀들은 부모의 불신을 감지하고 이어서 부모들이 예상한 일을 저지른다. 어떤 부모는 불신으로 가득 차서 자녀에게 이렇게 말했다.

"그 놈은 꼭 제 아버지를 닮았어요. 그 놈의 아버지는 주책없는 사람이거든요. 당신은 그 놈에게서 어떤 별다른 면을 기대할 수 없을 것입니다. 그 놈은 원래 그런 놈입니다."

부모가 자녀를 믿어 주지 않으면 자녀들은 열등의식에 빠진다. 만약 당신이 당신 자신을 불신한다면 당신은 당신의 불완전함과 실패를 예상할 것이다. 자기 자신을 불신하는 사람들은 자신은 실패하게 되어 있다고 믿기 때문에 불안하고 우울한 사람이 된다.

또한 자기를 불신하면 아무런 노력도 하지 않는다. 그러므로 불신은 특별히 사람을 무능력하게 만든다.

자기 자신을 불신하는 사람들은 실패를 예상하고 실제로 실패를 거듭하게 된다. 그들은 자기가 가능성이 있는 사람이라는 것을 보여주기 위해서 노력하지 않는다. 그들은 자신들이 직업을 가질 수 없으며, 결혼을 할 수 없으며, 학위를 받을 수 없고, 어떤 일을 이룩할 수 없다고 생각한다.

그리하여 실패를 거듭하고 그 결과로 절망하며, 자신을 모욕하고, 다른 사람을 의존하며, 비참한 감정 때문에 자신의 능력을 가장 불신한다. 그 결과 그들은 아무 것도 시도하지 않는다.

그러므로 그들은 이렇게 말한다.

"나는 노력했지만 실패했다."
"나는 노력했지만 소용이 없었다."
"그러니 나는 절대로 성공할 수 없다."

(보복하려는 증오심으로 가득 찬 내면아이의 치유)

당신이 만약 어렸을 때 징벌을 많이 받았다면 당신은 당신 자신에 대한 부모로서 행동할 때 두 가지 문제에 부딪칠 것이다. 그 하나는 당신이 어렸을 때에 겪었던 지나친 징벌에서 유래하는 것으로 죄책감과 자신이 착하지 않고 악하며, 사랑 받을 가치가 없다고 느끼는 감정들과 열등의식의 감정들이다.

아마 당신은 성인이 되어서도 이러한 감정을 가지고 계속 자신을 처벌할 것이다. 특별히 당신이 실수를 할 때나 혹은 어려서 금지를 당했던 일을 할 때 혹은 당신이 실패했거나 실망했을 때 더 크게 느낄 것이다. 그 때 당신은 당신 자신에게 다음과 같이 말해야 한다.

"그런 죄책감과 열등의식은 내가 어렸을 때 생긴 것이며, 현재의 나의 활동과 생활에 속해 있는 것이 아니다. 나는 내가 저지르는 실수에 대해 나 자신을 매질하지 않겠다. 다만 그것을 바로 잡고 더욱 주의하도록 노력하겠다."

당신은 당신 자신에 대한 부모로서 당신의 역할을 하는 가운데 다음과 같이 말해야 한다.

"그래, 나는 정말로 몹시 화가 났어. 그러나 이 증오심과 불신과 분노의 대부분은 단순히 나의 내면아이가 지난날의 징벌들에 대해서 내가 받지 않았어도 될 징벌들에 대해서 분노하고 있을 뿐이다. 나는 지난날의 원한들이나 충족시키기 위해서 화내지는 않겠다. 전에는 내가 그런 식으로 행동했지만 이제는 내가 나 자신에게 징벌하는 부모가 될 필요는 없는 것이다."

이러한 보복 지향적인 충동들을 제어하는 당신의 능력이 성장함에 따라서 당신이 자신에 대해서 당신의 부모들보다도 더 상냥한 부모가 됨으로 당신 자신도 성장한다는 사실을 당신은 느낄 것이다. 당신은 징벌과 보복의 악순환 속에서 힘을 소모하지는 않을 것이다. 그리고 당신 자신에 대한 정중한 부모로서 당신은 더 이상 자신을 처벌하지 않아도 될 것이다.

당신이 변화될 것을 기대하고 시도해보라.

친밀한 인간관계를
맺지 못하는 내면아이

자녀를 방치하는 부모 밑에서 자라난 내면아이는 소속감을 가질 수 없다고 생각한다. 그들은 어떤 집단에 소속하는데 어려움을 느낀다.

그들은 불안과 고독으로 심한 고생을 한다. 사람들에게 거리감을 두고 대하며, 다른 사람들을 소중하게 생각할 수 없다.

방치는 대개 부모의 사망이나 이혼이나 병원에 입원하는 경우와 부모의 외부적인 활동으로 인하여 발생한다.

유년기의 방치는 다른 사람들에게 호응하고 친밀감을 느끼며 만족감을 느끼는 부분에 문제가 있다.

그들은 사회활동에 참여할 수 있는 능력이 없어진다.

방치란 무엇인가?

방치란 부모가 자녀를 그냥 내버려 두는 것, 등한시 하는 것, 무시하고 소홀히 하는 것을 말한다. 자녀는 자신의 욕구를 충족시키는 데 도움을 요청하기 위하여 의지할 수 있는 부모가 있어야 한다. 그리고 부모와 지속적으로 접촉할 수 있어야 한다. 이러한 자녀의 필요인 시간과 관심을 인식하지 못하는 부모의 태도가 바로 방치인 것이다.

부모가 직장이나 사회활동 때문에 바쁘게 되면 자녀들 하나하나에게 의미심장한 방법으로 배려를 해주지 못하게 된다.

흔히 그러한 부모들은 자녀들이 이웃이나 친구들에게 말썽을 피우고 사회법에 저촉되거나 사회적인 물의를 일으키기 전에는 전혀 자기들의 무관심을 알아차리지 못한다.

그러므로 방치란 자녀에게서 사랑의 배려를 빼앗아 가는 모든 것이다. 그것이 사회개선을 위한 운동이거나 질병이든지 아니면 알코올 중독이거나 사업이든지 아니면 부모의 죽음이거나 부모의 여가선용이든지 그 모든 것이 바로 방치의 원인이다.

방치는 부모의 죽음과 같이 부모로서는 어쩔 수 없는 원인 때문에 생길 수도 있다. 그러나 다른 모든 것들은 자녀의 욕구에 대한 고려를 방해하는 부모의 태도가 방치인 것이다.

오늘날 수많은 사람들이 부분적 혹은 일시적인 방치 때문에 고통을 당한다. 어린 시절의 심각한 방치는 성인생활에 심각한 영향을 미친다.

방치를 경험한 내면아이가 느끼는 감정

방치를 경험한 내면아이는 자기가 특별하고 가치 있는 존재라고 생각하게 해주는 부모와의 친밀함과 만족스러운 접촉을 이루고 유지할 수 있는 지속적인 기회가 부족했던 사람이다. 이러한 관계의 결핍으로 자녀는 자신과 다른 사람들에 대한 감정들이 왜곡되고 공허하며 마비되고 불확실하게 된다.

그러한 사람은 자신을 중요한 사람이라고 느낄 수 없다. 또한 다른 사람들을 중요하게 생각할 수 없으며, 다른 사람들에게 깊은 관심을 가질 수도 없다. 그 결과 다른 사람들과 깊은 인간관계를 가질 수 없다.

만약 당신이 무엇인가 부족하다고 늘 느끼고 있다면 당신은 어린 시절에 방치를 경험했다. 이러한 사실을 깨닫는 것은 당신을 도와서 당신이 어린 시절에 경험했던 방치를 평가할 수 있을 것이다. 이것은 또한 당신에게 다른 사람들을 멀리하려는 욕구를 감소시킬 수 있다.

만약 당신이 아버지와 어머니를 진정으로 필요로 했을 때 아버지가 아버지의 역할을 해주지 않았거나 어머니가 어머니의 역할을 해주지 않았다면 당신은 방치를 경험한 것이다.

이러한 방치는 당신의 성인생활에 영향을 미쳐 고통을 경험하게 한다. 오늘날 수많은 자녀들이 우리의 사회 각계각층에서 알코올 중독자인 부모에 의해서, 바쁜 생활을 하고 있는 부모들에 의해서, 때로는 실직과 오랜 투병생활과 과로와 부모 나름대로의 사정에 의해서 방치를 경험하고 있다.

모든 자녀는 갓난아기 때부터 청소년에 이르기까지 한 인간이 되기 위해서 노력하고 있다. 그 곳에 부모의 지속적인 도움이 필요하다. 그들은 누군가가 자신을 돌보고 있다고 믿어야 한다. 그들을 돌보아 주는 사람들은 바로 그들이 한 인간이 되기 위해서 노력할 때 그들의 등 뒤에서 밀어 주는 사람이 되는 것이다.

그러나 만약 당신이 자신이 하는 일을 보살펴 주는 사람이 아무도 없었다고 느낀다면 당신은 방치를 경험했다. 또한 당신이 힘들 때 당신과 마음이 통하기 때문에 당신과 대화할 수 있는 사람이 단 한 명도 없었다고 느낀다면 당신은 방치를 경험했다.

이러한 방치로 말미암아 고통을 당하고 있는 내면아이는 어린 시절에 그의 아버지가 아버지 역할을 제대로 못했고, 어머니가 어머니 역할을 제대로 못했던 것이다. 그러므로 방치를 경험한 내면아이는 어른이 되어서도 깊고 친밀한 인간관계를 맺을 수 없는 것이다. 따라서 그들은 다음과 같이 고백한다.

"나는 사람들을 많이 알고 있지만 친구는 없지요."
"나는 다른 사람들에게 별로 관심을 느끼지 못해요."

그러므로 어린 시절에 방치를 경험한 사람들은 사람들과 관계를 맺을 때 마치 한 배우가 그의 청중과 맺는 관계와 유사하다. 그들은 친구를 사귈 때 자기의 업적들과 외적인 것으로 사귄다. 그러나 상대방이 그에게 가까이 접근하고자 노력한다면 그는 관계를 갑자기 깨뜨려 버린다. 그는 실제로는 더 가까운 관계를 원하면서도 그렇게 할 수 없는 것이다. 그러므로 정서적인 방치는 인간관계를 맺는 감정에 특별한 해악을 끼친다.

인간은 생후 수개월에서 다섯 살 사이에는 어머니나 어머니를 대신할 수 있는 사람으로부터 무조건적인 사랑을 충분히 받아야 한다. 그래야 그는 인생에서 다른 사람들과 인간관계를 잘 맺을 수 있다.

그러므로 어머니가 어린 시절에 죽었다면 어머니를 대신하는 사람을 가능한 한 이른 시기에 소개해 주는 것이 바람직하다. 그러한 대리 보호가 인생 초기의 정서적인 손상을 성공적으로 막을 수 있다. 인간은 생후 5년 이내에 어머니를 잃는 것이 가장 슬픈 일을 경험하는 것이다.

당신이 만약 이 기간에 오랫동안 어머니로부터 떨어져 있었다면 당신은 틀림없이 그것 때문에 크게 고통을 받고 있을 것이다.

만약 자녀가 어린 시기에 어머니를 잃었다면 반항과 절망과 이탈을 경험한다. 처음에는 아기가 눈물을 흘리고 성을 내면서 큰소리로 자기 어머니가 돌아오기를 요구할 것이다. 아기는 그렇게 하면 어머니가 돌아올 수 있을 것이라 생각한다.

이러한 현상이 여러 날 동안 지속되어도 시간이 지나면서 어머니가 돌아오리라는 희망이 점점 줄어들다가 사라지면 아기는 절망한다.

결국 아기는 자포자기 상태에서 작은 목소리로 흐느껴 운다. 아기는 반항과 절망을 반복할 것이다. 그러나 시간이 지나면 어머니를 완전히 잊은 듯이 행동할 것이다. 그 때는 마침내 어머니가 아기에게 돌아와도 아기는 어머니에게 이상할 정도로 무관심하고 어머니를 알아보지 못하는 듯이 행동한다. 이것이 바로 이탈이다.

그런 아이들은 반항과 절망과 이탈에서 화를 내거나 파괴적인 행동을 하거나 난폭한 행동을 하기 쉽다. 별거의 기간이 얼마나 길었느냐에 따라서 이러한 무 반응적 태도는 한두 시간에서부터 여러 주간에 이르기까지 지속될 것이다.

그런 다음에야 그는 자기 어머니에게 매달리고 잠시 동안 어머니가 없었던 것에 대하여 화를 몹시 내거나 걱정을 한다. 만약 그 아이가 어머니와 오랫동안 떨어져 있었다면 그 아이는 이탈의 단계에 들어가서 부모에 대한 자신의 감정을 회복하지 못하고 이탈된 채로 남아 있을 수도 있다.

당신이 만일 어린 시기에 부모를 잃었다면 당신은 당신의 분노와 의지할 데 없는 절망과 동경의 감정들을 생생하게 회상할 수 있을 것이다. 또한 여러 해 동안 그 감정들을 부인하려고 애써 왔는지도 모른다. 흔히 상실에 대한 아픔이 너무 크기 때문에 자기를 버린 것처럼 보이는 부모에 대한 노여움과 분노에서 아이의 마음에는 복수심이 가득 찰 수도 있다.

방치는 이혼한 부모를 둔 아이들에게 특별히 문제가 된다. 그들은 우선 그 상실을 예민하게 느끼며, 자기들이 부모의 이혼을 초래했다는 자책을 한다. 또한 그들은 부모로부터 떨어져서 자란 모든 아이들에게 흔히 볼 수 있는 반항과 분노와 보복과 절망의 감정들을 가지고 있다.

왜 방치하게 되는가?

방치는 부모로 하여금 자녀에게 적절한 배려를 하지 못하게 하는 모든 것에 의해서 생겨난다. 많은 경우에 있어서 그 원인들은 부모로서는 어쩔 수 없는 것들이다. 그 대표적인 것이 죽음이다. 그러나 그 원인들은 그렇게 중요한 것이 아니다. 그 보다 더 중요한 것은 방치가 자자손손 대대로 전해지는 경향이 있다는 것이다.

방치형의 부모는 대개 그 자신도 방치를 당했다. 그러므로 중요한 것은 우선 당신 자신에게 그리고 당신의 자녀에게 자상하고 인정 많은 부모가 됨으로써 오랫동안 연속적으로 표류해온 불행을 종식시켜야 한다. 바로 당신이 그것을 할 수 있다.

무엇이 당신의 부모들로 하여금 당신을 방치하게 만들었느냐 하는 문제는 현재로서는 그리 중요하지 않다. 당신이 그 정확한 해답을 안다 하더라도 그것이 현재 당신이 처한 정서적 난관들을 덜어줄 수는 없기 때문이다.

문화적인 요인들 때문에 방치가 생기는 경우도 있다.
혼란과 무지와 경제적으로 성공하려는 생각들과 사회적으로 성공하려는 생각들 때문에 방치가 생겨난다. 경제적인 것과 사회적 지위를 얻으려는 노력은 흔히 가족의 친밀한 관계를 어느 정도 약화시킨다.

오늘날 수많은 자녀들이 자기들의 아버지나 혹은 어머니가 하루 종일 무엇을 하는지 또는 어디를 가면 만날 수 있는지 제대로 알지 못하고 살아간다.

그리고 오늘날 우리 사회는 방치 때문에 상처받기 쉬운 사람들을 매우 많이 배출하고 있다.

방치를 경험한 내면아이의 결혼생활과 성생활

어린 시절에 방치를 경험한 내면아이는 사랑과 성생활과 정서적인 친밀감에 대단한 어려움을 느낄 수 있다. 방치는 지금의 성인생활에 강력하게 영향을 미쳐 성적인 부부관계에 어려움을 준다.

부부관계를 충족하기 위해서는 친밀감과 온정과 의미 있는 애정과 배우자와 느끼는 동질성이 있어야 하지만 어린 시절에 정서적인 방치를 경험한 사람들은 다른 사람들과의 관계에서 만족하지 못한다. 그들은 피상적인 관계를 유지해 나갈 뿐이다.

하지만 그들은 사람들과 계속적으로 더욱 깊이 있고, 더욱 가깝고, 더욱 친근하게 만나기를 원한다. 이러한 갈망이 그들을 두려워하게 만들고, 참으로 당황하게 만든다. 그래서 그들은 이렇게 말한다.

"나의 문제는 내 안에 있는 것 같다. 나 자신을 감정적으로 표현하기가 너무나 힘이 든다. 내가 상대방과 친하다고 느끼고 상대방이 나와 가깝다고 느낄 때 나는 당황한다. 나는 그저 달아나고 싶다."

어린 시절에 어머니의 보살핌의 결핍이 성적인 생활을 지배하는 경우도 있다. 그러한 사람은 부드럽고 모성적인 사랑에 관심이 있어 그러한 사랑을 원하고 배우자로 하여금 자신을 돌보아주는 모성적인 인물로 변화시키려고 노력을 한다. 그래서 성적인 사랑은 잘 이루어지지 않는다. 모성적인 보살핌에 대한 그들의 충족되지 않은 갈망이 그들을 괴롭히기 때문에 그들은 늘 기가 죽어 있다.

또한 그들은 자기가 맺고 있는 인간관계에서 정서적인 만족을 얻을 수 없기 때문에 늘 안절부절못하고 불안해한다. 이들에게는 누군가가 자기를 보살펴 주기를 바라는 엄청난 갈망들이 가득 차있다.

그들은 이러한 갈망에 대하여 놀라고 부끄러워한다. 그들은 이 갈망이 매우 간절하고 격렬해서 이런 표현이 허용된다면 자신이 아기가 되어, 아기처럼 보살핌을 받을 권리를 요구할 것이다. 그런 사람은 자기 아내로 하여금 아내가 아니라 어머니가 되기를 원하고 있다는 점을 깨달아야 한다.

(친밀한 인간관계를 맺지 못하는 내면아이의 치유)

방치를 경험한 내면아이는 어머니가 자녀에게 베푸는 것과 같은 궁극적인 사랑과 완전한 수용을 갈망할 것이다. 이처럼 당신이 모성적인 보살핌을 원한다고 해서 스스로를 유치하다고 비웃지 말아야 한다. 또한 비판적이고 교만한 자세로 자신을 거역하지 말아야 한다. 당신은 이러한 감정들을 피할 수는 없다는 사실을 알아야 한다.

그러므로 당신은 당신 자신에게 상냥한 부모로서 이러한 절실한 감정들을 존중해 주어야 한다. 그러나 이러한 과거의 갈망들을 충족시킬 수는 없으며, 당신에게 모성적인 역할을 할 사람을 구하는 것을 포기해야 한다. 왜냐하면 현 시점에서 세월을 거슬러 올라가서 지난날의 당신의 어린 시절의 욕구를 충족시켜 주지는 못하기 때문이다.

만약 당신이 당신의 내면아이의 갈망에 굴복하거나 그것들이 당신의 삶을 지배하도록 허용하지 않고, 지난날의 하나의 상처로 받아들일 수 있다면 당신은 비로소 현재의 일상생활에서 만족을 찾을 수 있을 것이다. 그렇게 하기 위해서는 당신에게 커다란 인내와 단호한 제재와 당신의 내면아이에 대한 진정한 수용이 있어야 한다. 당신도 변화되어 친밀한 인간관계를 통해서 행복을 경험할 수 있다.

자신을 거부하는 내면아이

거부형의 부모에게 거부를 당한 사람은 자신을 거부하는 내면아이
가 된다. 그들은 자신을 애써 고립시키려 하는 경향이 있다. 그들은 자
신을 포함하여 다른 사람을 용납하지 못한다. 그들은 자신의 친구들에
게 자기중심적이라고 비난을 받는다. 그들은 가까운 사람들에게 적개
심을 품는다. 그들은 심한 열등의식에 사로잡히며 의기소침으로 괴로
워한다.

거부란 무엇인가?

부모의 거부란 자녀에 대하여 수용하지 못하는 것을 말한다. 자녀를 받아들이고 싶지 않은 존재로 여기며, 원치 않는 짐으로 여기며, 성가신 말썽의 근원으로 여기는 부모의 태도가 거부다. 당신이 만약 어린 시절에 거부를 당했다면 아마 당신은 이미 그것을 잘 알고 있을 것이다. 자기 부모로부터 공공연하게 욕설을 들었기 때문이다.

"너 같은 놈은 필요 없으니 집을 나가라"

이러한 거부의 소리는 명백하게 기억에 남는다. 어떤 경우는 어머니가 재혼하기 위해서 자녀를 거부하는 경우도 있다. 그러한 부모들은 자녀를 원하지도 않고 귀찮은 짐으로 생각한다. 그리하여 보육원이나 친척에게 맡겨져 학대와 멸시를 당할 수도 있다.

어린 시절에 거부를 당한 사람들은 쉽게 감정이 상하고 원한을 품고 적개심을 갖게 되는 경향이 있다. 어떤 아이들은 자기가 사생아로 태어났기 때문에, 혹은 피부 색깔 때문에, 혹은 기형아나 장애자이기 때문에, 남자가 아니라 여자로 태어났기 때문에 거부를 당한다. 거부를 당한 그들은 다른 사람을 불신하고 불안한 감정에 사로잡힌다.

그러면 거부의 원인은 무엇인가?

가장 보편적인 문제는 어머니의 불행한 결혼생활이다. 자기 남편에게 실망한 아내들이 자기의 자녀를 거부한다.

흔히 그런 어머니들은 그들 자신이 어린 시절에 거부를 당했던 사람이다. 그들 중 일부는 미숙하고 어머니가 될 자격을 갖추지 못하고 자녀를 낳았기 때문에 자녀를 거부하는 경우도 있다.

어떤 어머니들은 임신 때문에 자신이 사랑하지도 않는 남편과 결혼했기 때문에 자녀를 거부한다.

만일 당신이 어린 시절에 경험한 거부가 당신 부모들이 불행하고 비참하고 가난한 결혼생활 때문에 일어난 일이라는 것을 깨닫는다면 당신은 당신 자신의 감정들을 이해할 수 있을 것이다.

그리고 당신 자신을 용납할 수 있을 것이다.

당신은 오늘 현재 가치 있는 어떤 일을 하고 있는가?

그러한 일들은 특별히 당신에게 만족감을 줄 것이다. 당신이 하고 있는 의미 있는 일들은 당신 자신에 대한 지속적인 거부와 싸우는 훌륭한 무기가 될 수 있다. 그러므로 당신에게 그러한 일이 없다면 의미 있는 일을 찾아 실천해 보는 것이 중요하다.

문화적인 요인 때문에 거부가 일어난다. 경제적인 성공과 물질적인 소유를 향한 우리의 문화적인 태도들 때문에 거부가 일어난다. 가정이 경제적으로 몹시 힘들 때 태어난 어린이는 거부를 당하기 쉽다.

또한 부모들이 화목하게 살아갈 수 없을 때 자녀들이 자신들을 묶어 놓는 사슬이라고 생각해서 자녀를 거부한다.

또한 어린이의 신체적인 외모가 거부의 원인이 되는 경우도 있다. 대단히 아름다운 자녀를 원하던 소망이 어긋난 경우에도 어머니는 자녀를 거부한다. 신체적인 아름다움을 중시하는 문화적인 인식이 거부의 원인이 되는 것이다.

거부를 당한 사람의 결혼생활

어린 시절에 부모의 거부를 경험했기 때문에 자신을 거부하는 내면 아이는 애정과 인정을 절실하게 필요로 하기 때문에 그러면서도 어떠한 제안도 진지하게 받아들일 능력이 거의 없기 때문에 만족스러운 성생활이나 결혼생활을 할 수 없다. 이들은 안정되고 관계를 유지할 수 있는 대부분의 기회들을 무산시켜 버리는 파괴적인 구조를 가지고 있다.

그들은 인간관계에서 깊은 상처를 받고 기가 죽어 있거나 스스로 고립되어 있다. 그들은 자기를 자학하고 가까운 사람들에게 적대적이고 불신적이며 반대적인 태도를 취한다.

우리가 가장 중요하게 생각하는 것은 자손 대대로 전해지는 부모의 태도이다. 이러한 태도는 어른이 자신에 대한 부모로 행동할 때 나타나는 태도들이다. 이러한 태도는 계속 지속된다. 그런데 거부의 태도는 언제나 비난하며 자기비판으로 표현된다.

(자신을 거부하는 내면아이의 치유)

먼저 당신이 당신 자신에게 상냥한 부모의 노릇을 할 때에 자녀에게는 자녀에 대한 부모의 용납과 부모의 격려와 부모의 인정과 부모의 자극으로 자라난다는 것을 이해해야 한다. 이러한 당신의 이해는 조화를 이루고 당신의 인격을 성장시킬 수 있을 것이다.

하지만 거부를 당한 자녀는 가혹한 거부와 무관심과 경멸이 무엇인지를 알게 된다. 부모의 용납을 향한 그의 좌절된 욕구가 자신을 무력하게 만든다. 자신을 원치 않는 짐으로 간주하며, 이 세상을 자신에게는 적대관계라고 생각한다.

부모의 거부는 자녀가 자신은 사랑받을 가치가 없고, 착하지 않으며, 다른 사람들에게 골칫거리라고 여기게 만든다. 이것은 건전한 자존감의 발달을 저해한다. 그러므로 부모로부터 거부당한 내면아이가 치유되려면 먼저 자신에 대한 용납이 이루어져야 한다.

당신은 당신 자신을 용납해야 한다. 그리고 당신이 당신 자신을 비난하고 호되게 꾸짖고 거부하기를 중단해야 한다. 당신은 당신의 두 팔로 당신 자신을 감싸 안아주어야 한다. 당신은 당신 자신에게 이렇게 말해야 한다.

"나는 사랑스러우며, 나는 올바르며, 나는 가치가 있고, 나는 능력이 있고, 나는 다른 사람들에게 이바지할 수 있는 재능을 가지고 있다."

또한 당신은 다른 사람들에게 상처를 입히고 거부하고자 하는 마음이 생기는 것이 당신의 거부당한 당신의 내면아이 때문이라고 깨달아야 한다. 그리고 그것을 제한해야 한다. 당신이 당신 자신을 용납하지 않는 한 당신은 결코 거부에서 벗어날 수 없다.

당신의 상처받고 거부당한 내면아이를 비판하지 말고 당신 자신의 일부로 받아들이기를 배워야 한다.

당신이 당신 자신을 용납할 수 있다면 이제 당신은 다른 사람들보다 더 잘할 수 있는 몇 가지 일들을 실천해야 한다.

거부를 경험한 사람들은 자신들의 능력을 믿으려 하지 않는다. 그들은 자신의 능력을 믿지 않고 비판함으로 자기의 능력을 제한하는 경우가 많다.

그러나 이제 당신은 당신이 할 수 있는 일을 실천함으로 성공을 경험해야 한다. 당신은 조심스럽게 일해야 할 분야를 선택함으로써 그리고 그 목표를 달성하기 위하여 실천함으로써 순수하게 자기를 존중해야 한다.

처음에는 소규모로 실천한 것에 대해서 부끄러워하거나 스스로 비판하지 말라. 당신은 당신의 적성에 맞고 당신이 성공할 수 있는 것을 선택하여 실천하면 된다. 당신이 지금 실천하여 성공할 수 있는 일들을 발견하고 성공함으로 당신은 참다운 즐거움과 만족을 발견하면 된다. 당신의 자기 용납은 당신이 성공한 일들과 더불어 시작될 것이다.

성에 대한 잘못된 감정을
가지고 있는 내면아이

올바른 성교육을 시키지 못하는 부모 밑에서 자라난 내면아이는 성의 역할을 올바르게 깨닫지 못한다. 그들은 성적인 활동의 육체적인 측면을 강조한다. 그들은 자주 성적인 환상에 사로잡히고 부부관계에서 사랑이 충만한 성적인 관계를 형성할 수 없다. 그들은 인간관계가 불만스럽고 비인격적인 경향이 있다.

현재 우리는 과거 어느 시대의 사람들보다도 더욱 노골적으로 시각적인 성적자극에 노출되어 있다. 이것은 우리의 성적인 생활에 어떻게 영향을 미치게 될까? 그것은 우리의 과거에 형성된 내면아이에 의해서 좌우된다. 부모의 모든 태도들은 자녀들에게 성적인 영향을 미친다.

완전주의를 추구하는 내면아이는 언제까지나 지난번의 성행위를 능가하는 성적 행위를 추구하며 성행위의 실행을 강조하는 경향이 있다.

다른 사람들이 자기에게 복종하기를 지나치게 요구하는 내면아이는 충동적이고, 성적 욕구가 충족되기를 원하며, 다른 사람의 권리를 생각하지 않는다. 튼튼하지 못하고 약한 부모 밑에서 자라난 내면아이는 성을 나쁘다고 생각할 수 있으며, 지나치게 억압당한 내면아이는 자기의 의무를 다하지 않는다. 부모에게서 방치를 경험한 내면아이는 성적인 생활에서 친밀감을 느끼지 못한다.

성을 어떻게 이해해야 하는가?

성이란 인간에게 있어서 정서적인 교제나 접촉과 밀접하게 관련된 자연스러운 충동이다. 어른이 될 때까지 성은 부모들의 태도들이나 부모들이 자녀를 양육하는 정서적인 환경에 의해서 개인적으로 이해된다. 그리고 다음에는 이 태도들이 부모에 의해서 전달된다.

또한 특정한 시대와 장소와 문화적인 환경에 의해서 형성된다. 이러한 요인들로 인하여 성은 왜곡되고 완전히 그릇된 개념들로 전달되는 경우도 있다.

성적인 감정이 아주 어린 시기에 발달한다는 주장은 이제 어린이 의학과 정신의학과 심리학 연구에서 철저하게 그리고 학문적으로 정립되었다.

성적인 감정은 자연스러운 현상이며, 어린이에게 아무런 해악을 주지 않는다. 아이는 자기 성기를 만지거나 주무르는 데서 즐거움을 발견하고 점점 자라면서 자신의 몸과 다른 아이들의 몸에 대한 호기심이 커진다.

그리고 가슴과 엉덩이가 아이들의 관심대상이 된다. 3-4세의 호기심이 왕성한 아이들은 의사놀이를 하거나 소꿉장난을 하면서 옷 속을 살짝 들여다보거나 세밀히 살펴본다거나 각자가 상대방의 성기를 만지는 경우도 있다. 사춘기 무렵에는 성적 충동이 두드러지게 나타나며, 청년기에 들어서면 이 급증하는 성적 충동에다 이성에 관한 관심이 증가된다. 여기에서 짝을 찾고 마침내는 영구적인 결혼의 관계를 형성하기 위한 노력으로 데이트를 시작하기도 한다.

근본적으로 자녀는 자신의 부모들에 비추어 어떻게 하면 좋은 남편 혹은 좋은 아내, 좋은 아버지 혹은 좋은 어머니가 되리라는 자기만의 생각을 한다.

그러므로 자녀의 유년기 가정의 체험이 그에게 다른 사람들과 더불어 살아가는 기본 원리들을 배우는 것이다.

자녀가 부모의 부부로서의 행동을 관찰하여 얻은 것이 그가 자신에게 합당한 것이라고 추구하는 기본적인 형태이다. 이 과정을 통해서 자녀는 장래 배우자를 향한 그의 감정의 기반을 제공하기 위하여 성별이 다른 부모의 사랑을 체험할 필요가 있다. 동시에 같은 성별의 부모와 동일시함으로써 자녀는 성인으로서 자기 나름의 성의 역할을 수행할 수 있는 기초를 확립한다.

성에는 생태학적으로 사악하거나 혐오스럽거나 불결하거나 무서운 면이 있을 수는 없지만 일부 부모들은 자기 자녀의 감정에다 어려서부터 그러한 정서를 주입시키고 있다.

성적 욕구를 부인하거나 금지하려는 불안한 감정과 단호한 노력에서 성에 대하여 수치심과 죄책감과 두려움과 무력감을 갖게 만든다.

부모가 성을 지나치게 억제한 결과

성에 대한 부모의 금지와 억제는 성은 죄악이며 수치스럽고 불결하고 야만적이라고 매도하게 된다. 자녀로 하여금 그의 성적인 감정과 관심이 쏠리는 자연스러운 호기심에 대하여 죄책감을 느끼도록 만드는 것은 자녀안에 있는 죄의식과 불안과 성적욕구를 극도로 자극한다.

그 자녀는 자신이 즐긴 것에 대하여 죄책감을 느끼게 된다. 죄의식은 그의 성적인 생활을 이루는 가장 중요한 구성요소가 되어 그가 결혼으로 합법화된 사랑보다는 죄책감이 수반되는 부정한 사랑에 더욱 길들여지는 결과를 가져올 수도 있다.

인간생활에서 성적욕구가 제거될 수 없으므로 부모의 단죄가 그의 욕구표현을 비밀스럽게 하도록 만들어서 한없이 죄책감을 가지게 하는 결과를 가져올 수도 있다.

또한 성에 대한 금지와 억압은 호기심과 환상을 자극한다. 성이 부인되거나 혹은 처벌받은 내용이 표현될 수 없다면 그것은 환상 속에서 철저히 시도될 것이다. 그러나 그러한 환상들을 탐닉하고 나면 자신의 성적인 감정에 대하여 죄책감을 느낄 것이다. 대부분 엄격한 사람들이 흔히 성적인 환상에 빠진다.

그들은 겉으로는 성을 비난하지만 실제로는 환상을 통해서 성에 대한 의미심장한 만족감을 얻는다. 그리고는 그러한 자신의 행동들이 죄책감과 타락했다는 느낌을 갖게 하며, 더욱 열심히 성적 욕구들을 근절시키려고 노력하게 만든다. 억압에 의하여 생긴 성적 환상들은 자녀의 성적 감정을 지나치게 자극한다.

성적욕구가 금지되어서 나쁜 점은 그것이 호기심을 갖게 하고 성적인 환상들에 지나치게 몰두하도록 인도하며, 성을 인간이 아닌 환상을 통해서 즐기게 한다.

그러므로 환상을 통한 성적 만족은 서로 주고받는 정상적인 부부의 성관계의 발달을 저해한다. 어린 시절에 성적 욕구가 금지되고 나쁜 것으로 간주되었을 경우 어른이 되어서도 내면아이는 환상적인 성적인 활동들을 추구하는 경향이 있다.

어린 시절에 억압된 성적 호기심은 성인기에 누드잡지를 통해서 표현되기도 한다. 또한 이것은 성을 정상적인 부부관계에서 나누는 사랑의 상호교환이라는 것을 버리고, 그저 충동을 해소하는 분비선적인 상호교환으로 인식하게 만든다.

(성에 대한 잘못된 감정을 가진 내면아이의 치유)

당신은 죄책감을 자극하는 과거의 훈계와 억압과 금지가 현재 당신의 성적인 생활에 영향을 미쳤는지 스스로 판단해야 한다.

그것이 당신으로 하여금 정상적인 성적인 현실에서 만족을 추구하기보다는 성적인 환상에 지나치게 몰두하도록 만들었는가?

그것들이 당신으로 하여금 당신 자신의 성적 감정의 존재를 부인하도록 만들었는가?

그것들이 성의 충동을 해소하는 하나의 신체적인 것으로 보게 하였는가?

당신은 성적 욕구를 당신 자신의 자연스러운 한 부분으로 보고 전혀 부끄러워할 필요가 없는 것으로 받아들여야 한다. 당신은 당신의 성적인 생활에서 당신을 방해하고 당신으로 하여금 성적인 환상을 추구하게 하는 내면아이의 죄책감을 줄여 나가야 한다. 당신이 죄책감을 떨쳐버리고 성인으로서 성적인 만족감을 충족시킬 때 처음에는 불안감을 느끼게 될지도 모른다.

부모가 오히려 자녀들의 성을 자극할 수도 있다. 부모들이 직접적으로 자기 자녀들의 성적인 감정을 지나치게 자극할 수도 있다. 이러한 자극은 알게 모르게 일어난다.

그러므로 어떤 부모들은 전통적인 정숙을 무시하고 집에서 옷을 비치게 입는다거나 목욕실에서 프라이버시를 존중하지 않는다. 또는 어머니가 아들의 성기를 씻어주고 살펴보는 것이 자극이 될 수도 있다. 거의 모든 부모들은 처음에는 멋모르고 자녀들을 데리고 잔다.

만약에 당신이 어린 시절에 당신의 부모나 다른 어른들에 의해서 지나치고 직접적인 성적 자극을 받았다면 어쩌면 당신은 아직까지도 이성에 대한 깊은 혐오감과 적대감을 가지고 있을 수도 있다.

그러한 체험은 당신이 정상적인 부부관계에서 사랑이 충만한 성관계를 불가능하게 만들 수도 있다. 만약에 당신이 어린 시절에 성적인 부분에 대하여 어른들로부터 상처를 입었다면 당신은 그 상처가 계속적이지 않다는 점과 남편과 아내가 정상적인 방법을 통해서 서로 사랑할 수 있다는 점을 깨달아야 한다.

우리를 괴롭히는 성적 욕구에 대한 선입관은 성을 신체적인 것과 성적인 충동을 해소하는 측면만을 강조하고, 부부의 인격적인 상호교류의 측면을 무시하는 왜곡된 것들을 만들어 낸다.

이 같은 강조는 여러 방면에 걸쳐 커다란 불행을 초래한다. 우리는 수많은 여성들이 끝없이 그리고 안타깝게 신체적인 아름다움과 늘씬하고 새로워진 매력을 얻으려고 노력하는 것들을 본다. 그러나 이러한 노력의 대부분은 자신이 매력적이지 못하다는 내면아이의 감정 때문에 생겨난다.

많은 여성들이 사람의 마음을 끄는 것이 일차적으로 내면적인 아름다움이라는 사실을 인식하지 못한다. 신체적으로 아름다운 많은 여성들이 신체적인 아름다움에 대한 강조로 말미암아 고통을 경험하고 있다. 그러한 여성들은 자신의 아름다움에 대하여 자신이 만족스럽고 행복한 기분이기를 기대하지만 그런 여성들은 자주 불행하고 비참함을 느낀다.

왜냐하면 참된 만족감과 행복이란 아름다운 인간관계를 통해서 정서적으로 느끼게 되어 있기 때문이다. 참된 만족감은 사랑이 충만한 가운데 관계를 아름답게 하고 풍요롭게 만드는 일상적인 상호교류와 상호관심에서 나온다.

또한 참된 성적인 만족은 성적인 분비선을 가지고 있는 상대방에 대한 존경심과 배려와 관심이 있을 때 비로소 나타난다.

우리는 성적인 만족이 정상적인 부부관계 안에서 정서적인 사랑의 감정과 상대방의 행복을 바라는 마음과 상대방이 한 인간으로서 완전한 성숙을 이루도록 책임과 의무로 기꺼이 헌신할 때 오는 것이라는 것을 알아야 한다.

만약 당신이 성교육을 올바르게 시키지 못하는 부모 밑에서 자라난 내면아이로서 성적인 부분에 고통을 경험하고 있다면 당신 자신의 성적인 환상들을 거부해야 한다.

당신은 하나의 인간으로서 배려 받아 마땅한 성적인 감정을 가지고 있는 한 인간임을 인식해야 한다.

당신의 성적인 욕구들을 환상을 통해서 해소하려고 하지 말고, 일상생활 속에서 사랑하는 부부의 상호교류를 통하여 참된 만족을 추구해야 한다.